EVA-MARIA MORA
Cosmic Recoding

EVA-MARIA MORA

Cosmic Recoding

Die neue Energiemedizin

Lichtvolle kosmische Codes für Heilung,
Liebe und wahre Freiheit

Ansata

Das vorliegende Buch ist sorgfältig erarbeitet worden.
Dennoch erfolgen alle Angaben ohne Gewähr. Weder Autorin noch Verlag
können für eventuelle Nachteile oder Schäden, die aus den im Buch
gemachten praktischen Hinweisen resultieren, eine Haftung übernehmen.

Verlagsgruppe Random House FSC® N001967
Das für dieses Buch verwendete
FSC®-zertifizierte Papier *Munken Premium*
liefert Arctic Paper Munkedals AB, Schweden.

Ansata Verlag
Ansata ist ein Verlag der Verlagsgruppe Random House GmbH.

ISBN 978-3-7787-7499-1

Erste Auflage 2015
Copyright © 2015 by Ansata Verlag, München, in der Verlagsgruppe
Random House GmbH
Alle Rechte sind vorbehalten. Printed in Germany.
Redaktion: Dr. Juliane Molitor
Abbildungen: Guter Punkt – Markus Weber
Einbandgestaltung: Guter Punkt, München
Einbandmotiv: © aquatic creature/shutterstock
Gesetzt aus der 11,5/14,4 Punkt Adobe Garamond Pro von
Christine Roithner Verlagsservice, Breitenaich
Druck und Bindung: GGP Media GmbH, Pößneck

www.ansata-verlag.de

Für meine Mutter,
Für meinen Sohn,
Für meine irdische Familie,
Für meine Lichtfamilie.

In Liebe und großer Dankbarkeit.

Inhalt

Vorwort 13
Einleitung 15

Teil 1
Die kosmische Wissenschaft der Wunder 23
Was ist Cosmic Recoding? 31
Cosmic Codes – Lichtinformationen aus dem Kosmos 39
Das menschliche Energiekörpersystem – unser Biocomputer . . 46
Entdeckungsreisen in die unsichtbare Welt der Energie 53
   Entdeckungsreise 1: Es geht los 54
   Was sehen wir wirklich? 59
   Der Zeit voraus 60
   Entdeckungsreise 2: Die stille Höhle 62
   Willkommen im Hologramm 64
   Die Geschichte von Tom 66
   Telepathie und Wissenschaft 69
Das kosmische Internet 72
   Entdeckungsreise 3: Endlich online 73
   Schutz durch energetische Firewalls 76
   Entdeckungsreise 4: Du bist der Kosmos 80

Teil 2
Bestandsaufnahme des Energiefeldes 83
Das Energiefeld Mensch 87
   Selbstanalyse Energiemangel 91
Störungen und Verunreinigungen im Energiefeld 94
   Entdeckungsreise 5: Das goldene Handtuch 96
Energetische Mauern 98
   Die Geschichte von Larissa 100

Reinigung des Energiefeldes durch den Atem 102
Entdeckungsreise 6: Die Brücke zum Kosmos 103
Fingerspitzengefühl – die vier Mudras 106
Die energetische Bedeutung der Zirbeldrüse 109

Teil 3
Lebensverbesserung – Kraft welcher Gedanken? 115
Wünsche sind Blockaden 119
  Aladin und die Wunderlampe 121
  Entdeckungsreise 7: Der fliegende Teppich 122
Kristalline Strukturen als Informationsspeicher 124
Zellkommunikation durch Licht 126
  Entdeckungsreise 8: Ein Meer aus Licht und Energie 128
  Lichtwelle und Hyperkommunikation 130
  Die Geschichte von Silvia 132
Zellgedächtnis und Gentransfer 134
Zell- und Organerneuerung 137
  Die Geschichte von Christian 139
Das Bewusstsein der Zellen und die Kraft der Seele 141
Geistige Energiemediziner und lichtvolle Helfer 146
  Entdeckungsreise 9: In Einklang mit der Seele sein 148
Kosmisches Bewusstsein – kosmische Datenbank 150
Entdeckungsreise 10: Der Kosmos –
Stairway to Heaven 153

Teil 4
Cosmic Recoding in der Praxis 155
Der Einstieg 158
  Die befreiende Energiedusche 160
  Aufspüren und löschen der Ursachen 161
  Der Stimmgabel-Effekt 162
  Die Vision 164
  Eine positive Überraschung 165

Cosmic Recoding in drei Schritten 167
  Erster Schritt: Decodieren und löschen 167
  Zweiter Schritt: Fokus und Reset 169
  Dritter Schritt: Download und Recoding 169
  Ausdrucksformen des persönlichen Bewusstseinscodes 171
  Feedback von Klienten 175
Eine Praxiswoche mit Cosmic Recoding 181
  Tag 1 – Die Ent-Scheidung. 182
  Tag 2 – Aus der Matrix aussteigen. 185
  Tag 3 – Die freie Auswahl 187
  Tag 4 – Ein neuer Weg 190
  Tag 5 – Die Lichtcodes integrieren 192
  Tag 6 – Eine neue Vision 194
  Tag 7 – Ich bin Liebe – Ich bin Licht 197
Schlüssel zu guter Gesundheit. 201
  Die wichtigsten CRC-Schlüssel zur Gesundheit 203
Schlüssel zu liebevollen Partnerschaften. 205
  Die wichtigsten CRC-Schlüssel für eine
  liebevolle Partnerschaft 208
Schlüssel zu finanzieller Freiheit. 209
  Die wichtigsten CRC-Schlüssel für finanzielle Freiheit 211
Schlüssel zu dauerhaften Erfolgen in allen Lebensbereichen. . . 213
  Die wichtigsten CRC-Schlüssel für dauerhaften Erfolg. . . . 216
Schlüssel zu wahrer Freiheit. 218
  Die wichtigsten CRC-Schlüssel für wahre Freiheit 220
Cosmic Recoding unabhängig von Zeit und Raum 222
Turbo-CRC – Schwingungserhöhung für Lebensmittel
und Wasser 228
Alchemistische Essenzen mit Cosmic Recoding herstellen 232

Kosmos (Gedicht) 236
Literatur 238
Über die Autorin. 240

Mein Gehirn ist nur ein Empfänger. Wissen, Kraft und Inspiration beziehen wir aus dem Kern, dem Herzstück des Universums. Bis zu diesem Kern bin ich nicht vorgedrungen, aber ich weiß, dass er existiert.

Nikola Tesla

Vorwort

Wenn mir jemand vor vielen Jahren vorausgesagt hätte, was ich heute mache, dass ich Bücher schreibe, in der ganzen Welt Workshops gebe, täglich mit der geistigen Welt kommuniziere und mit meinem schamanisch ausgebildeten Mann, meinem eigenen »Winnetou«, in Arizona lebe, hätte ich das nie geglaubt, obwohl mich meine Seele schon sehr lange auf diesen Weg vorbereitet hat.

Ich bin in Deutschland aufgewachsen mit amerikanischem Spielzeug von meiner Patentante aus New York. Ich bin in Deutschland zur Schule gegangen und hatte eine spannende Zeit als Austauschschülerin in den USA. Ich habe in Deutschland, Spanien und den USA ein Doppelstudium in Wirtschaftswissenschaften und Amerikanistik absolviert und schließlich in einem tollen Beruf als Top-Managementberaterin international gearbeitet.

Als ich 33 Jahre alt war, nahm mein Leben eine entscheidende Wendung. Mein Sohn war gerade sechs Monate alt und lächelte mich immer ganz lieb an, sodass man die ersten weißen Eckchen seiner beiden neuen Milchzähne sehen konnte. Natürlich ist jede Mutter vom Lächeln ihres Babys entzückt und lächelt zurück. Doch ich konnte leider nicht lächeln. Mir war nur noch zum Heulen zumute. Ich hatte keine Kraft mehr, meine Batterie war komplett leer, mein ganzer Körper schmerzte. Da half auch kein

Sylt-Urlaub mehr. Ich nahm täglich an Gewicht zu, konnte nicht mehr klar denken, konnte nichts essen, nicht schlafen und alle Muskeln taten mir weh. Ich zitterte und fühlte mich einfach nur grauenhaft.

Als ich dann endlich mein Blut untersuchen ließ und der Professor mir das Ergebnis mitteilte: »Sie haben noch etwa vier Wochen zu leben, wenn Sie so weitermachen«, brach meine heile Welt zusammen. Ich wollte noch nicht sterben und habe dieses Todesurteil auch nicht akzeptiert. Ich wollte mein Leben grundlegend ändern und meinen Weg zur Heilung finden. In meiner Not machte ich, was viele Menschen machen, die Hilfe suchen und nicht weiterwissen: Ich betete und bat um Beistand, um Rat, wie ich auf einem anderen Weg weitergehen und weiterleben konnte. Ich habe diesen lehrreichen Weg gefunden und danke meinen irdischen und geistigen Lehrern von ganzem Herzen für ihre Unterstützung.

Im Laufe der Jahre durfte ich viele Tausend Menschen inspirieren und ihnen bei der Suche nach ihrem eigenen Weg behilflich sein. Dafür bin ich sehr dankbar. Mit dem Wissen darum, wer ich wirklich bin, und mit der Liebe und Unterstützung meiner irdischen Familie und meiner Lichtfamilie hatte ich die Kraft, vieles zu schaffen, was zunächst absolut unmöglich schien.

Mein Sohn ist heute ein wunderbarer junger Mann. Seine lichtvolle Ausstrahlung, seine Stimme und seine Musik sind himmlisch. Nach wie vor hat er ein herzerwärmendes Lächeln. Und heute kann ich glücklich und dankbar zurücklächeln.

Einleitung

Ich sage Ihnen nicht die Zukunft voraus.
Ich zeige, wie man sie selbst gestalten kann.

Haben Sie schon viel versucht, um wirklich glücklich zu werden? Haben Sie spirituelle Seminare besucht und Ausbildungen absolviert? Jedes Mal in der Hoffnung, nur noch diesen einen Kurs zu machen und es dann endlich geschafft zu haben? Warum spüren Sie dann dennoch diese unterschwellige Traurigkeit und haben trotz aller Zeit und allen Geldes, das Sie investiert haben, immer noch nicht das Gefühl, im Glück angekommen zu sein?

Die Antwort ist ganz einfach: Solange Sie sich in der Welt der Illusion, in der codierten Matrix aufhalten, wird die Suche weitergehen. Solange Sie das Bewusstsein der Raupe haben, werden Sie nie wie der bunte Schmetterling fliegen können. Solange Sie sich mit der Materie identifizieren und nicht mit dem Lichtwesen, das Sie sind, werden Sie keinen schöpferischen Einfluss auf die Materie, auf Ihre Realität ausüben können. Es ist jedoch nicht Ihre Schuld, wenn Ihnen bisher noch nie jemand erklärt hat, wie Sie Ihr eigenes Leben bewusst und glücklich gestalten können.

Dieses Buch gibt Ihnen Gelegenheit, einen Blick hinter den Schleier zu werfen und von der Welt der Symptome in die Welt der Ursachen zu wechseln. Sie selbst können sich dort durch lichtvolle kosmische Codes, durch neues Bewusstsein von Krankheiten und anderen Illusionen befreien. Jeder Mensch ist ein Heiler und kann die Heilprozesse in seinem System aktiv und bewusst unterstützen.

Hier geht es um die neue Energiemedizin, die zum besten Wohl aller ist. Indem Sie die Übungen machen und Cosmic Recoding anwenden, können Sie sich selbst heilen, Ihren Körper, Ihr Energiesystem und damit auch Ihre Umwelt verändern. Ihre Familie, Ihre Freunde, die Erde und der Kosmos können dadurch positive Energie erfahren, denn alles ist ohne Ausnahme miteinander verbunden.

Doch bevor Sie loslegen, braucht es wie beim Autofahren das Verständnis für die Theorie und einige Stunden Praxis. In den ersten drei Teilen dieses Buches erkläre ich Grundlagen und Zusammenhänge, die neu sind. Bitte lesen Sie diese Textstellen aufmerksam, auch und gerade wenn es um wissenschaftliche Erkenntnisse geht. Zur Entspannung sind immer wieder Fallgeschichten eingefügt. Der Bewusstseinserweiterung dienen zehn Entdeckungsreisen, die man mit den ersten Stunden im Fahrschulauto vergleichen kann. Sie sind besonders wichtig!

Sofort den Praxisteil (Teil 4) zu lesen und das selbst noch nicht ganz Verstandene anwenden zu wollen, käme dem Autofahren ohne Fahrstunden gleich. Es ist nicht empfehlenswert und auch nicht praktikabel. Wenn Sie als Leser vielleicht das Gefühl haben, noch ganz am Anfang zu sein, in den »Windeln des spirituellen Bewusstseins« sozusagen, nehmen wir Sie von Herzen gern mit auf diese Reise. Wir gehen langsam, Schritt für Schritt, geduldig und liebevoll. Ihr Tempo bestimmen Sie selbst, doch die Lernschritte und energetischen Erfahrungsangebote auf diesem Weg sind von mir und meinen geistigen Helfern bewusst gewählt. Sie führen alle Leser mit Geduld, Vertrauen und Übung zum persönlichen Erfolg!

Die Voraussetzungen für Ihren Erfolg bringen Sie bereits mit, denn Sie haben wie jedes Lebewesen eine Seele, der Sie bisher mehr oder weniger Gehör geschenkt haben. Ihre Seele ist eine

Quelle der Energie und Liebe, ein kostbarer Schatz, den die meisten Menschen jedoch noch nicht gehoben haben. Auf der Suche nach diesem Schatz begegnen Menschen oft allem Möglichen im Außen, in der materiellen wie in der geistigen Welt. Auch eine Suche nach Hilfe, die uns zu irdischen Ratgebern aller Art, aber auch zu Engeln und anderen geistigen Helfern führt, ist immer eine Suche im Außen.

Wie Sie vielleicht wissen, arbeite ich seit langer Zeit mit Engeln zusammen, um meinen Klienten und Seminarteilnehmern Unterstützung auf ihrem Weg zu geben. Doch dieser Weg ist aus meiner Sicht immer ein lichtvoller Weg in die eigene Kraft. Wenn ein Kind anfängt, laufen zu lernen, nimmt man es an die Hand, lässt es aber auch irgendwann los, damit es allein laufen kann. Man trägt es nicht ständig auf dem Arm und macht es damit abhängig. Die Engel haben mir einen klaren Auftrag erteilt, indem sie mir Cosmic Recoding gezeigt haben. Cosmic Recoding ist der Weg nach innen. Er führt dorthin, wo der Schatz wirklich verborgen ist. Meine himmlischen Helfer haben dieses Buch und die begleitende CD *Cosmic Recoding – Das Praxisprogramm* inspiriert.

Die Engel lieben die Menschen viel zu sehr, um sie von sich abhängig zu machen. Natürlich stehen sie uns jederzeit hilfsbereit und freundschaftlich zur Seite, aber sie wollen uns nicht die Verantwortung für unser Leben abnehmen oder uns gar manipulieren. Manche Leser meiner früheren Bücher fragen sich vielleicht, warum ich in diesem Buch so wenig über Engel schreibe. Das ist Absicht. Die Engel haben mir gesagt, es sei endlich Zeit, sie nicht mehr als »Stützräder« zu benutzen. Es scheint nämlich für manche bequemer zu sein, wenn etwas nicht klappt oder keine Heilung eintrifft, sagen zu können: *Die Engel haben es wohl nicht gewollt …* Doch wozu haben wir einen freien Willen? Wozu haben wir die schöpferische Kraft unserer Seele, wenn wir sie nicht nutzen? Es ist unter anderem der himmlische Auftrag der Engel, die Menschen daran zu erinnern, dass sie selbst göttliche Schöpfer sind.

Mit Cosmic Recoding wird das Schöpfer-Bewusstsein wieder geweckt. Das Empfinden von Zeit und Raum spielt keine Rolle mehr. Man befindet sich nur noch in der zeitlosen Gegenwart. Der Raum im irdischen Sinne löst sich auf. Cosmic Recoding findet jenseits von Zeit und Raum statt, in einer anderen Dimension. Man befindet sich dabei in dem einzigen Moment, in dem man wirklich sein kann: in der Gegenwart. In diesem Moment hat das Bewusstsein Zugriff auf gespeicherte Informationen aus der »Vergangenheit«. Die Informationscodes, die durch ein Ereignis in der Vergangenheit gespeichert wurden, werden mit der Kraft der Seele transformiert. Man reist dafür in die vermeintliche Vergangenheit, noch bevor die Ursache entstanden ist beziehungsweise die Ereignisse stattgefunden haben. Somit verändert sich die empfundene Gegenwart. Auch Spontanheilungen und Wunder kann man so erklären.

Am Beispiel eines verbrannten Kuchens erläutert würde das bedeuten, dass wir in der Zeit so weit zurückgehen müssen, wie es nötig ist, um eine neue Information herunterzuladen. Es kann sein, dass wir die Zutaten für den Kuchen austauschen müssen oder die Hitze und die Backzeit, je nachdem, was dazu geführt hat, dass der Kuchen angebrannt ist. Wenn wir diesen Informationstransfer gemacht haben, gibt es keinen verbrannten Kuchen mehr. Er ist einfach gelungen. Gott sei Dank brauchen wir nicht alle Einzelheiten, die unser komplexes System betreffen, im Kopf zu haben. Unsere Seele ist Teil eines unendlichen, intelligenten Energiefeldes, das alle Antworten genau kennt.

Wir können mit unserem Bewusstsein auch in die »Zukunft« gehen.

Anstatt mit Angstenergie kann das mit Zuversicht, Selbstbewusstsein und Vertrauen in die eigene Schöpferkraft geschehen. Sie gestalten Ihre Zukunft selbst, indem Sie beim Cosmic Recoding jeweils genau die Lichtcodes herunterladen, die Sie wunschlos glücklich machen.

Auch das Logo von Cosmic Recoding ist ein Code, den ich gern für Sie entschlüsseln möchte. Das Logo sieht auf den ersten Blick aus wie eine 8. Das ist eine heilige Zahl, die für Erneuerung und gleichzeitig für Unendlichkeit steht. Sie repräsentiert die Integration aller Gegensätze und alle Möglichkeiten der Manifestation. Oben und unten hat die 8 im Logo jeweils eine Öffnung. Sie können mit den Augen unendlich dem Verlauf der 8 folgen oder oben kurz in die gedankliche Zukunft aussteigen sowie in der unteren Öffnung in die Vergangenheit abgleiten. Der Zugang zum Kosmos liegt jedoch in der Gegenwart, im Mittelpunkt der 8, wo der Stern leuchtet. Dort ist das Zentrum der Kraft, dort findet Cosmic Recoding statt. Die Überschneidung der beiden Kreise in der 8 symbolisiert den Schöpfungsakt, die Vereinigung von männlicher und weiblicher Energie. Das Logo zeigt jedoch nicht nur eine 8, sondern auch einen Ausschnitt aus der DNS-Doppelhelix, wo alle Informationen als Codes abgespeichert werden. Sie wirken im ganzen System und in allen Zellen.

Diese alten Informationen können mit neuen Lichtcodes verändert werden und wirken vom Zentrum aus auf den Kreislauf der 8 und auch auf den Kreislauf der Zeit. Das Logo ist einfach, Cosmic Recoding ist einfach und doch auf wundervolle Art wirkungsvoll.

Cosmic Recoding eignet sich gut zur Selbstbehandlung. Es ist ein Geschenk des Himmels, mit dessen Hilfe wir unseren eigenen inneren Schatz entdecken können. Es gibt aber auch Menschen, die uns aufgrund ihrer Ausbildung als Cosmic-Recoding-Coach (CRC-Coach) begleiten können. Das ist kein Widerspruch. In meiner Zeit als Top-Managementberaterin habe ich mitbekommen, dass die erfolgreichsten Führungskräfte und Unternehmer immer einen kompetenten Coach hatten. Der CRC-Coach hilft seinen Klienten zunächst dabei, Kontakt zu ihrer eigenen Seele herzustellen, und begleitet ihren Bewusstseinsprozess. Dann führt er sie durch den Drei-Schritte-Prozess (siehe Teil 4) und stellt sicher, dass der jeweilige Klient mit seinem Bewusstsein auf der Frequenz schwingt, die ihm wirklich dient. Der CRC-Coach hat eine Stimmgabel-Funktion. Er hilft dem Klienten beim Einstimmen auf seine erfüllten Herzenswünsche zum besten Wohl aller.

In der Praxis hilft ein CRC-Coach bei persönlichen und beruflichen Veränderungsprozessen, zu denen auch Heilungsprozesse gehören. Das CRC-Coaching wirkt im Gegensatz zum klassischen Coaching auf der »unsichtbaren« Energieebene. Ein CRC-Coach kann einen Klienten auch einen ganzen Tag vor Ort in seinem privaten und beruflichen Alltag begleiten. Ziel dieser Begleitung ist, das für den Klienten bisher »normale Leben« zum »idealen Leben« zu machen. Auch wenn sich nicht jeder Klient vorstellen kann, dass ein Paradies auf Erden möglich ist, ist es doch durchaus machbar, und zwar unabhängig von der Ausgangssituation. Der Coach hilft dem Klienten, sich auf dieses persönliche Paradies einzuschwingen.

Je nach dem Erfahrungshintergrund kann ein CRC-Coach auch in Unternehmen und Organisationen wirken, besonders wenn es darum geht, festgefahrene Strukturen zu lösen, die Menschen zum Burn-out bringen, Unternehmen in den Bankrott führen und Organisationssysteme zusammenbrechen lassen. Nichts ist unmöglich, wenn sich das Bewusstsein und die Schwingungsfrequenz ändern.

Auch mein eigenes Bewusstsein und meine Schwingungsfrequenz haben sich während des Schreibens und der durchgeführten Cosmic Recodings verändert. Ob Sie es glauben oder nicht, auch ich hatte schon Schreibblockaden, die mir besonders während meiner beiden Diplomarbeiten zu schaffen gemacht haben. Damals saß ich oft stundenlang vor dem weißen Papier und habe, auch bedingt durch den ganzen Prüfungsstress, bis zum Abgabetermin immer wieder mit den Tränen gekämpft. Viele Jahre später, als mein Verlag mich fragte, ob ich nicht ein Buch schreiben wolle, war ich zunächst verwundert und auch gestresst. Vor jedem neuen Buchauftrag stand der Stress, denn ich wusste, dass die Kataloge für den Buchhandel schon gedruckt werden, bevor ich überhaupt mit dem Schreiben fertig bin. Durch Cosmic Recoding ist alles anders geworden. Mit den neuen Lichtcodes habe ich auch ganz neue Erfahrungen gemacht. Vieles, was Sie hier lesen, ist unabhängig von Raum und Zeit geschrieben. Es kann daher sein, dass auch Sie beim Lesen das Zeitgefühl verlieren und an manchen Stellen des Buches schwerelos im Kosmos schweben. Das ist gut. Wenn Sie ein aktiver Leser sind, wird sich Ihr Bewusstsein merklich verändern. Ich wünsche Ihnen viel Erfolg bei der inneren Schatzsuche. Entdecken Sie, wie wertvoll und einzigartig Sie wirklich sind!

Teil 1

Die kosmische
Wissenschaft der Wunder

Viele Menschen kennen das Gefühl, das aufkommt, wenn sie im Kaufhaus stehen und etwas in der Hand halten, was sie gern haben möchten, und wenn dann die quälende Frage auftaucht: *Kann ich mir das wirklich leisten?*

So ging es auch der 75-jährigen Rosalinde. Sie war in die Stadt gefahren, um sich in ihrem Lieblingskaufhaus ein paar Handschuhe, eine Mütze und einen Schal für den Winter zu kaufen. Sie probierte ein paar rote Handschuhe an, sie passten sofort. Auch die warme rote Mütze gefiel ihr gut. Sie liebte die kräftige Farbe. Sie würde im kalten grauen Winter einen fröhlichen Akzent setzen. Rosalinde ist sehr positiv und lebensfroh, macht regelmäßig die Lichtmeditationen von meinen CDs und hat die Eigenverantwortung für ihre gute Gesundheit übernommen. Sie lebt allein, sorgt für sich selbst und erlaubt sich nur selten persönliche Sonderausgaben. Bei ihrem Einkaufsbummel entdeckte sie an diesem Tag auch einen wunderschönen Schal. Er hatte die gleiche rote Farbe wie Handschuhe und Mütze und war superkuschelig. »100 % Kaschmir« stand auf dem Schild. *Wow, dachte sie, dieser Schal ist genau der richtige, einfach traumhaft weich!* Sie stand vor dem Spiegel und betrachtete sich in der roten Winter-Kombination von allen Seiten. Bei dem Gedanken, dass sich Omas doch eigentlich in Grau und Beige kleiden sollten, musste sie kichern. Sie fühlte sich toll in Rot. Doch auf dem Schild stand auch der Preis: 49,90 Euro. Für Rosalinde mit ihrer bescheidenen Rente war dies sehr viel Geld, das sie für Lebensmittel eingeplant hatte. Ein innerer Dialog begann: *Brauche ich diesen Schal wirklich? Ich habe ja noch einen anderen in Blau. Kann ich mir das leisten? Es ist viel Geld. Vielleicht ist es der letzte Schal, den ich mir im Leben kaufe. Was soll ich tun?* Sie legte den Schal wieder aus der Hand und wollte nur mit der Mütze und den Handschuhen zur Kasse gehen. Doch auf halbem Weg kehrte sie wieder um, weil sie spürte, dass sie sehr betrübt wäre, wenn sie den Schal nicht kaufen würde. Der rote Kaschmirschal war für sie wie ein glitzerndes Spielzeug, das ein kleines Mädchen zu Weihnachten begeistert. Plötzlich wusste sie genau: *Ich bin es mir wert!* Glücklich trug sie ihre Einkäufe samt Schal zur Kasse. Als die Verkäuferin den Barcode für den Schal einscannte, stand auf dem Display an der Kasse: 19,90 Euro. Rosalinde glaubte einen kurzen Moment an ein Versehen, denn auf dem Preisschild hatte nichts von einer Reduzierung gestanden. Doch offenbar war alles in Ordnung. Sie zahlte und freute sich riesig über das Geschenk: Handschuhe, Mütze und Schal in kräftigem Rot und gute Laune für den ganzen Winter.

Stefan studierte mit einem Stipendium in den USA. Einmal im Jahr leistete er sich von dem Geld, das er mit einem Studentenjob verdient und gespart hatte, ein Flugticket nach Berlin, wo seine alleinstehende Mutter lebte. Das Geld war immer knapp bei ihm, und er wollte dies ändern. Schon seit einiger Zeit beschäftigte er sich mit dem Gesetz der Anziehung und der Möglichkeit, seine eigene Realität positiv zu beeinflussen. Als er am Flughafen endlich die Sicherheitskontrollen hinter sich hatte, stieg ihm der Geruch von frischem Kaffee in die Nase. Er hatte in den Tagen vor dem Abflug wenig geschlafen und kaum etwas gegessen. Ein großer Becher Latte Macchiato schien verführerisch, kostete aber fast sieben Dollar und war damit so teuer wie ein kleines Mittagessen. Stefan grübelte vor sich hin: *Vielleicht habe ich eines Tages ganz viel Geld. Dann brauche ich mir nichts mehr zu verkneifen. Hm, riecht der Kaffee gut …*

Während er am Gate darauf wartete, dass sein Flug aufgerufen wurde, war ihm klar, dass man ihm im Flugzeug bald Kaffee anbieten würde, aber natürlich keinen Caramel Macchiato. An diesem Tag war viel Betrieb und es gab kaum Sitzplätze im Wartebereich am Gate. Deshalb saß Stefan auch nicht an seinem eigenen Gate, sondern an dem benachbarten, wo das Boarding bereits in vollem Gange war. In letzter Minute kam eine Frau angehetzt, die sich einen Kaffee geholt, aber offensichtlich nicht an den netten Mann gedacht hatte, der in der Zwischenzeit auf ihr Handgepäck aufpasste. Der rief: »Da sind Sie ja endlich«, gab ihr das Handgepäck und rannte die Gangway hinunter. Die Frau war mit Computer, heißem Kaffee und großem Handgepäck komplett überfordert, zumal die Stewardessen schon ihren Namen über das Flughafenmikrofon ausriefen und sie zur Eile mahnten, denn es war kurz vor Abflug. Die gestresste Frau drehte sich um, sah Stefan dort warten und fragte plötzlich: »Möchten Sie meinen Kaffee haben? Ich bin viel zu spät dran, muss jetzt sofort in den Flieger steigen und kann leider nicht alles auf einmal tragen. Ich habe noch keinen Schluck getrunken. Hier bitte, nehmen Sie, es ist ein Caramel Macchiato.« Stefan schaute ein wenig verdutzt, nahm aber dankend an und die Frau verschwand in Richtung Flugzeug.

Sabines Hündin Alice war krank. Niemand wusste, warum sie plötzlich nicht mehr fraß und nur noch auf ihrer Decke in der Ecke kauerte. Sie war zwei Jahre alt, ein Labrador mit wunderschönem Fell, aber seit ein paar Tagen glänzte dieses Fell nicht mehr. Außerdem schien Alice Gleichgewichtsstörungen zu haben. Sabine brachte sie zum Tierarzt, doch der konnte nichts feststellen. Sabine hatte keinerlei medizinische Kenntnisse, war jedoch der festen Überzeugung, dass Liebe die beste Medizin sei. Sie beschloss, Alice nicht das übliche Hundefutter zu geben, sondern ihr etwas Spezielles zu kochen. Sie nahm frische Zutaten und bereitete sie mit ganz viel Liebe zu. Auch das Wasser für Alice füllte Sabine zuerst in eine Flasche, die sie etwa zwei Minuten an ihr Herz legte. Damit gab sie ganz viel Liebe hinein, bevor sie es in den Napf des Hundes schüttete. Es wirkte! Nach drei Tagen stand Alice morgens wieder auf, als sei sie nie krank gewesen, rannte zur Tür und bellte fröhlich, weil sie Gassi gehen wollte. Sabine betrachtete dies als Wunder, denn sie glaubt fest daran, dass Wunder möglich sind.

Ferdinand hatte Speiseröhrenkrebs und Metastasen in der Leber. Im August gab ihm der Arzt nur noch wenige Wochen zu leben. Ferdinand war jedoch genauso stur wie zielstrebig. In seiner Firma hatte er jahrelang alle Umsatzziele erreicht und war in der gesamten Branche bekannt für seine harten Verhandlungstaktiken. Auch dieses Mal wollte er nicht aufgeben. Er verhandelte mit seinem eigenen Körper und befahl seinem Immunsystem, alles zu tun, um wieder gesund zu werden. Jeden Tag sprach er mit seiner Leber und den anderen Organen. *Wir schaffen das*, motivierte er das Team seines eigenen Körpers. *Wir geben nicht auf, wir leben auf jeden Fall bis Weihnachten und bekommen dann eine Weihnachtsgratifikation.* Ferdinands ganze Familie kannte die Motivationsstärke des erfolgreichen Unternehmers und sein Motto: Niemals aufgeben! Mit dem klaren Ziel vor Augen ging es ihm Monat für Monat besser. Er feierte ein wunderschönes Weihnachtsfest mit seiner Familie und alle erhielten die versprochenen Geschenke. Seine Mitarbeiter bekamen ihre Gratifikation und er selbst gönnte sich zur Verwunderung aller einen neuen Sportwagen. Er feierte seinen Sieg unter anderem mit einer großen Flasche Rotwein, die er am Weihnachtsabend leerte. Vor der Tür wartete der neue silberne Sportwagen – einfach unwiderstehlich.

Es hatte eine Glatteiswarnung gegeben, aber Ferdinand gab nie auf. Weder seine Familie noch der Alkohol noch das Glatteis konnten ihn aufhalten. Er fuhr los. Viel zu schnell, wie sich herausstellte, als die Polizei die Unfallursache untersuchte. Es war seine letzte Fahrt. Ferdinand raste mit seinem Sportwagen gegen einen Baum und starb noch am Unfallort. Bei der Obduktion stellte man fest, dass der Speiseröhrenkrebs verschwunden war. Und in der Leber war nur noch ein winziger, eingekapselter Tumor zu sehen, mit dem er noch viele Jahre hätte leben können.

Der Refrain eines Liedes, das in meiner Jugend ein echter Ohrwurm war, handelte von Wundern, die es immer wieder gibt und die heute oder morgen geschehen können. Doch statt auf Wunder zu warten, insgeheim zu hoffen, dass sie heute oder morgen geschehen – und vielleicht wieder enttäuscht zu werden, stelle ich hier und jetzt die Frage: *Macht es nicht viel mehr Sinn, die Wissenschaft der Wunder zu erlernen und sie täglich ganz bewusst in allen Lebensbereichen anzuwenden?*

In den Geschichten, die Sie gerade gelesen haben, haben Menschen ihre ganz persönlichen Erfahrungen mit Wundern gemacht – mit großen oder kleinen. Wie es zu solchen Wundern kommt, weiß niemand. Sie sind daher auch nicht einfach wiederholbar, sondern bleiben ein Geheimnis beziehungsweise dem Zufall überlassen.

Die meisten Menschen glauben, dass man eben »Glück« oder »Pech« hat, und wenn etwas nicht klappt, »sollte es wohl nicht sein«. Manche, wie der Unternehmer Ferdinand, wissen vielleicht, dass Gedanken die Realität beeinflussen können, doch auch in seinem Fall waren unbewusste, limitierende Gedanken im Spiel, die schließlich zu dem tödlichen Unfall geführt haben.

Dass 95 Prozent aller Gedanken von den Programmierungen des Unterbewusstseins gesteuert werden, wissen die wenigsten. Das Unterbewusstsein ist wie eine starke Meeresströmung. Auch wenn Sie noch so positiv denken, sich noch so sehr anstrengen und noch so heftig rudern, um die Trauminsel zu erreichen – wenn die starke Strömung Sie aufs Meer hinauszieht, haben Sie keine Chance, dort anzukommen. Unbewusst kreieren Menschen Tag für Tag genau das, wovor sie Angst haben, weil sie gar nicht anders können, als sich darauf zu konzentrieren. Sie wissen auch nicht, dass es sich bei diesen unbewussten Programmierungen um Codes handelt, die mit Cosmic Recoding verändert werden können.

Ich erkläre Ihnen gern, wie Sie mit Cosmic Recoding ganz bewusst Wunder wirken können, und zwar in allen Lebenslagen. Für Sie ist das erste Wunder schon geschehen, denn sie halten die wissenschaftlichen Grundlagen und die praktischen Anleitungen zur bewussten Manifestation von Wundern in der Hand. Es gibt keine Zufälle. Sie haben es verdient, alles zu haben, was Ihr Herz begehrt. Und damit dies möglich wird, empfehle ich Ihnen, diesem Buch schrittweise zu folgen und auch das Cosmic-Recoding-Praxisprogramm auf meiner CD regelmäßig anzuwenden.

Was ist Cosmic Recoding?

In der Medizin der Zukunft wird es darum gehen,
die energetischen Schwingungen im Körper zu beeinflussen.

*Professor William Tiller, Nobelpreisträger,
Quantenphysiker, Stanford University*

Cosmic Recoding (CRC) bietet die Möglichkeit, sogenannte »Wunder« zu vollbringen und das Leben auf der Erde in ein Spiel ohne Grenzen zu verwandeln. Wundervoll und grenzenlos war das Spiel des Lebens zu Beginn der Schöpfung für alle Seelen, bis es sich veränderte und viele Menschen in ihren Köpfen und Herzen auf Angst basierende Mauern errichtet haben. Cosmic Recoding ist eine ganzheitliche Energiemedizin, welche die energetischen Mauern wieder auflösen kann und sich in allen Lebensbereichen einsetzen lässt. Sie wirkt sehr schnell und nachhaltig, weil letztlich alles – die Zellen unseres Körpers ebenso wie alles, was uns umgibt und der ganze Kosmos – Information ist. Und diese Information ist in Codes gespeichert, die wir mit unserem Bewusstsein verändern können. Durch bewusste Veränderung der Codes in den Zellen kann beispielsweise die energetische Schwingung im menschlichen Körper erhöht werden und krank machende Schwingungsmuster können sich in gesundheitsfördernde verwandeln. Cosmic Recoding kann somit auch zur Selbstheilung eingesetzt werden. Unser Bewusstsein, die Energie unserer eigenen Seele, unsere eigene Schöpferkraft spielt hierbei die Hauptrolle.

Das Verändern der eigenen Codierungen und somit der energetischen Schwingungsfrequenz ist dem Stimmen eines Musikinstruments vergleichbar. Dadurch ändert sich automatisch alles, womit das »Instrument Mensch« in Resonanz geht. Wenn ein Mensch »verstimmt« ist, was sich beispielsweise in Form von Frustration, Ärger und Stress zum Ausdruck bringt, wird er krank oder leidet unter Geldmangel, ist unglücklich in seinen Beziehungen etc. Wenn »die Stimmung gut« ist, wenn Freude, gute Laune und Glücksgefühle vorherrschen, geht er mit guter Gesundheit und Liebe in Resonanz. Cosmic Recoding kann die Verstimmung aufheben und für eine positive, angenehme Schwingungsfrequenz sorgen.

Bei bestimmten Krankheiten können eine Reaktivierung der gesunden Urinformation und ein anschließender Neustart nötig sein – die Wiederherstellung der ursprünglichen Codierung der DNS in den Zellen des Körpersystems, die sich im Laufe der Zeit verändert haben, beispielsweise durch Stress. Ein vergleichbarer Ansatz, der jedoch für den menschlichen Körper massive Nebenwirkungen hat, wird in der klassischen Medizin verfolgt, besonders zur Behandlung verschiedener Krebserkrankungen des blutbildenden Systems (Leukämie). Um den Unterschied gleich vorwegzunehmen: Die neue Energiemedizin (CRC) ist frei von unangenehmen Nebenwirkungen, bereitet keine Schmerzen, verursacht keine hohen Kosten und birgt auch sonst kaum Risiken.

Bei einer Leukämieerkrankung würden Schulmediziner mit Chemotherapie alle Krebszellen abtöten und damit auch das Immunsystem des Patienten im Prinzip abschalten. Bei der anschließenden Aktivierung der ursprünglichen, gesunden Informationen, etwa aus Stammzellen, wird diese ursprüngliche Information als Blaupause für die Neubildung von Zellen betrachtet, in denen die zu Krebs führende Fehlinformation nicht vorhanden ist.

Doch die wichtigste Frage wird nicht gestellt: Woher kommt die Fehlinformation in den Zellen? Solange diese Frage nicht beantwortet wird und keine entscheidenden Veränderungen in den

Lichtcodierungen (der Blaupause) des Patienten vorgenommen werden, werden wieder kranke Zellen produziert und die Überlebenschance ist gering.

Bei Cosmic Recoding wird zunächst eine sanfte energetische Decodierung durchgeführt. Dann werden neue lichtvolle Codes eingespeist, die den betreffenden Menschen mit der Information und der energetischen Schwingung seiner Blaupause in Einklang bringen. Die energetische Schwingung wird erhöht und damit wird auch das Immunsystem gestärkt. Der bekannte Arzt und Wissenschaftler Dr. Deepak Chopra erklärte es in einem Vortrag, den ich besucht habe, so: »Die Blaupause für den physischen Körper ist der feinere Quanten-Körper. Krankheiten treten in diesem Quanten-Körper auf, bevor sie sich im physischen Körper manifestieren. Solange die Krankheit nicht aus dem Quanten-Körper – der Blaupause – entfernt wird, wird sich der Körper kontinuierlich zusammen mit dem Tumor rekonstruieren.«

Die neue Energicmedizin (CRC) setzt genau da an: im Quanten-Körper oder Energiefeld, wie immer Sie es nennen möchten. Fehlinformationen und Mutationen werden sanft korrigiert und somit können auch die gesundheitsfördernden Informationen in Form von lichtvollen Codes positiv und verändernd wirken.

Nicht nur die Informationen in der DNA beziehungsweise in den Genen werden bei einer CRC-Behandlung berücksichtigt, sondern auch das Umfeld. Es ist möglich, dass der Patient seinen Lebensstil und sein Umfeld an die neuen Schwingungen anpassen darf. Den Einfluss unseres Umfeldes, unserer Erfahrungen, unseres Denkens und Fühlens auf das Verhalten der Gene bezeichnet man in der Fachsprache als Epigenetik. Der Zellbiologe und Stanford-Wissenschaftler Dr. Bruce Lipton hat mit seinen revolutionären Forschungsergebnissen im Bereich Epigenetik entscheidend dazu beigetragen, dass mit dem alten Glaubenssatz *Ich habe das geerbt, die Gene sind an allem schuld* aufgeräumt werden konnte. Als wir uns 2007 nach seinem Vortrag auf der *Celebrate Your Life*

Conference in Phoenix, Arizona, persönlich begegneten, erzählte mir Bruce, dass nach seiner Erfahrung Stress die Ursache von 95 Prozent aller Krankheiten und Beschwerden ist. Er erklärte auch, was genau passiert, wenn wir unter Stress stehen:

Bei Stress schüttet der Körper Stresshormone aus, etwa Cortisol und Adrenalin. Manche Menschen werden regelrecht süchtig danach und kreieren immer wieder neuen Stress oder suchen sich immer größere Herausforderungen, um einen Adrenalinkick zu erfahren. Die Auslöser können auch negative Emotionen sein, die jeden Tag wieder neu erlebt werden, weil man danach süchtig ist, obwohl man sie eigentlich gar nicht mehr erleben möchte. Sogenannter »positiver« Stress geht einher mit der Ausschüttung von körpereigenen Botenstoffen, etwa bei der Ausübung von Extremsportarten und dem bewussten Eingehen von Risiken (etwa lebensgefährliche Überholmanöver in Höchstgeschwindigkeit auf der Autobahn).

Da stellt sich natürlich sofort die Frage, wie positiv die Auswirkungen dieser Art von Stress wirklich sind. In Stresssituationen fließt die vorhandene Energie hauptsächlich in die Arme und Beine, denn ursprünglich ging es darum, sich für den »Kampf« gegen den Stressverursacher zu wappnen oder schnell weglaufen zu können (Kampf- oder Fluchtreaktion). Die Körpermitte und andere Organe werden dabei unterversorgt. Typische Symptome dieser Unterversorgung sind stressbedingte Magenschmerzen, Verdauungsstörungen, Übergewicht etc. Der Körper besteht aus unzählbar vielen Zellen, die im Idealfall im harmonischen Austausch miteinander stehen. Wenn dies nicht der Fall ist, bilden sich Krankheits- und Krisenherde.

Auch Stimmungsschwankungen und Depressionen können durch Stress ausgelöst werden. Unter Dauerstress sendet das Gehirn Signale zum Knochenmark und löst so die vermehrte Versendung von Monozyten aus. Diese Zellen wandern zum Gehirn, lagern sich dort in den Blutgefäßen an und verursachen Schwellungen (in der frontalen Hirnrinde, im Mandelkern und im Hippocampus), die angstvolles Verhalten bewirken. Bei Stress stellen die Zellen ihre normalen Wachstums-, Heilungs- und Reparaturaktivitäten ein und verlieren damit ihre Immunität gegen Krankheiten. Unter Stress können die Zellen auch keine Nährstoffe, Mineralstoffe, Vitamine etc. mehr aufnehmen. Am Ende leidet die Zelle unter Energiemangel und es kommt zu einem »Stromausfall«, der bei Menschen auch als Burn-out bezeichnet wird. Der Abtransport von toxischen Abfallprodukten funktioniert bei Stress ebenfalls nicht mehr optimal.

So weit die Informationen, die ich von Bruce Lipton erhielt. Stellen Sie sich mal vor, wie es vor Ihrem Haus aussehen würde, wenn die Müllabfuhr Wochen, Monate oder Jahre nicht kommen würde. Wie wohl fühlt sich Ihr Körper bei diesem Gedanken? Und nun schauen Sie bitte genau hin: Wie voll ist Ihre Stress-Mülltonne?

Hier können wir etwas verändern! Dann sind wir nicht länger die »armen Opfer« unserer Gene, sondern Meister unseres Schicksals. Wir können unser Bewusstsein entsprechend entwickeln und ein befreites Leben führen.

Die Identifizierung von Stressquellen, der Wurzel allen Übels, sowie der energetischen Ursachen von Beschwerden und deren Transformation mit CRC und QEH (Quantum-Engel-Heilung®) ist mein Spezialgebiet. Gesundheitliche und psychische Probleme beruhen auf einer destruktiven Energiefrequenz, die ihren Ursprung nicht im Körperlichen hat. Daher arbeite ich im nicht körperlichen Bereich mit Energie, um die gewünschten Ergebnisse zu erzielen. QEH ist eine von mir entwickelte, international praktizierte Methode, die auf den Erkenntnissen der Quantenphysik basiert. Kurz gesagt wirken bei dieser Methode Engel und andere nicht körperliche, lichtvolle Wesen auf die blockierenden, krank machenden Energiefelder meiner Klienten ein. Mit anderen Worten: Wenn zwei Systeme auf unterschiedlichen Frequenzen oszillieren, sorgt die Kraft der Resonanz dafür, dass sich die Energie von einem System auf das andere überträgt (vgl. mein Buch *Quantum-Engel-Heilung*, S. 16 f.). Transformation und Heilung finden statt, denn die Körperchemie wird von Quantenfeldern beeinflusst. Raum und Zeit sind dabei völlig unerheblich, da wir energetisch auf der Quantenebene arbeiten, und zwar mit den Informationen, die vorhanden waren, *bevor* ein Problem entstanden ist.

Bei den Krankheitsursachen beziehungsweise »Stressquellen« handelt es sich um energetische Felder, emotionale Energien, unterbewusste Programme und Energiemuster, die verändert werden können. Durch das Austauschen von krank machenden Energiemustern und das Integrieren von gesundheitsfördernden, liebevollen Energien lassen sich wundervolle Ergebnisse erzielen. Dies durften meine Klienten und die Klienten Hunderter von mir ausgebildeter Heiler persönlich erfahren. Dafür bin ich unendlich dankbar. Cosmic Recoding ist die neueste Entdeckung der von mir angewandten nicht körperlichen Energiemedizin. CRC basiert auf gesundheitsfördernden, lichtvollen Codes des Kosmos und ist sehr kraftvoll, gleichzeitig schnell und einfach, sodass es mit entsprechendem Bewusstsein sehr gut in Eigenregie angewandt werden kann.

Mit CRC ist es auch möglich, die Lichtcodierungen der energetischen, zwölfsträngigen DNS zu aktivieren und so eine positive Wirkung auf die Zellinformationen auszuüben und sehr schnell das gewünschte Resultat zu erzielen. So wie der richtige Zahlencode bei einem Safe dazu führt, dass er sich öffnet, funktioniert es auch in unseren Zellen – mit dem richtigen Lichtinformationscode.

Cosmic Recoding kann in allen energetischen Systemen – in Partnerschaften, Familien, Projekten, Unternehmen, Organisationen etc. – und bei allen Lebewesen eingesetzt werden, um dysfunktionale Strukturen zu verändern und schädliche Informationen zu löschen. Die Einsatzmöglichkeiten sind grenzenlos, denn alles, was erschaffen wurde, besteht aus Energie, die bestimmte Informationen und elektrische Ladungen trägt. Die Neucodierung (Recoding) und Veränderung dieser grundlegenden Energie macht es möglich, Probleme zu lösen und wieder in Einklang zu kommen mit der gewünschten energetischen Frequenz, etwa der von optimaler Gesundheit, Liebe, Glück, Lebensfreude, Wohlstand, Erfolg und wahrer Freiheit.

Alle Abläufe in unserem Körper basieren auf bestimmten Energieimpulsen, die als Informationen von körpereigenen Botenstoffen, Programmen und Kreisläufen koordiniert werden. Wie bei einem Computer kann es auch im Körper und in allen anderen Systemen energetische Störungen geben – beispielsweise durch (Computer-)Viren und Trojaner, die in unser System eingedrungen sind und uns das Leben schwer machen. Die menschliche »Software« besteht ebenso wie unser »Betriebssystem« aus Glaubensmustern und unterbewussten Programmen in Kombination mit emotionaler Energie, die uns einschränken können, und zwar bis zur Funktionsunfähigkeit, bis zum Burn-out und schließlich bis zum Absturz in allen Lebensbereichen.

Wir brauchen eine energetische Reinigung und Transformation des menschlichen Biocomputers (des Quanten- oder Energiekörpers), eine neue, funktionsstarke Software, eine Firewall, ein Virenschutzprogramm und den uneingeschränkten Zugang zum Internet, zur kosmischen Datenbank, zu den positiven Energiefeldern für Updates und Downloads, damit wir in jeder Hinsicht funktionsfähig und auf dem neuesten Stand sind. Dadurch wird es uns möglich, unser ganzes Potenzial störungsfrei zu leben.

Jedes energetische System interagiert bewusst oder unbewusst mit der kosmischen Datenbank oder dem »geistigen Internet«, wie ich es auch nenne. Es ist unsichtbar und bietet unendliche

Möglichkeiten, etwa zur Kommunikation, zur Informationsbeschaffung; um sich zu beschaffen, was man braucht, oder loszuwerden, was man nicht haben möchte; zur Navigation, zur Kontaktaufnahme und zu vielem mehr. Heute gilt es als kinderleicht und ist fast überall auf der Welt selbstverständlich, im Internet zu »surfen«. Doch das war nicht immer so!

Das »geistige Internet« ist etwas, was sich viele immer noch nicht vorstellen können. Diese Menschen haben einfach keinen Zugang dazu, weil sie es bis jetzt nicht gebraucht haben oder weil sie nicht ahnen, welchen persönlichen Nutzen es für sie haben könnte. Sie kennen weder die Leistungsfähigkeit des Systems, noch ihre Mitspieler, noch die energetischen Softwareingenieure oder andere Helfer, die ich in diesem Buch als geistige Energiemediziner bezeichne. Ungeübte können die Bilder und Videos aus dem geistigen Internet nicht klar empfangen. Die Anwendungsmöglichkeiten und Einsatzbereiche der Energiemedizin sind ihnen wahrscheinlich nicht bekannt. Das wird sich hiermit ändern, denn wenn man sein Bewusstsein erst einmal für Cosmic Recoding (CRC) geöffnet hat, ist es leicht erlernbar.

Cosmic Codes – Lichtinformationen aus dem Kosmos

Es gibt drei Arten von Menschen: jene, die sehen;
jene, die sehen, wenn es ihnen gezeigt wird,
und jene, die nicht sehen.

Leonardo da Vinci

Cosmic Codes sind gespeicherte Lichtinformationen aus dem Kosmos, die energetische Schwingungsmuster entstehen lassen. Diese Schwingungsmuster sind der Gesundheit des menschlichen Organismus förderlich, aber manche machen auch krank. Welche Bedeutung haben die Cosmic Codes und welche Auswirkungen haben sie?

Um diese Frage zu beantworten, sollte man zunächst davon ausgehen, dass der Kosmos ein interaktiver Informationsorganismus ist. Die Antwort, die jeder Einzelne gibt, hängt auch von der ganz persönlichen Vorstellung ab, die der Betreffende vom Kosmos hat. Vor Jahrhunderten gab es mächtige Verfechter der Glaubenssätze *Die Erde ist eine Scheibe* und *Die Sonne dreht sich um die Erde*. Wer etwas anderes behauptete, wurde bestraft oder musste seine gegenteiligen Entdeckungen unter Androhung von Strafe für sich behalten wie beispielsweise Galileo Galilei.

Um die Cosmic Codes zu verstehen, braucht man eine gewisse Offenheit und Neugier. Im Idealfall sollte man sogar den Wunsch haben, Recoding bewusst selbst zu erfahren. Die vielen Entdeckungsreisen und praktischen Übungen in diesem Buch geben Ihnen dazu eine erste Gelegenheit. Bitte lösen Sie sich gleichzeitig von unbedacht übernommenen Glaubenssätzen und anderen

Beschränkungen. Als aktiver Leser dieses Buches können Sie sich in einen Transformations- und Bewusstseinsprozess begeben. Probieren Sie es aus.

Bekannte Wissenschaftler haben unterschiedliche Theorien zum Thema Kosmos und Universum. Rupert Sheldrake spricht von morphogenetischen Feldern und vom kreativen Universum, Ilya Prigogine von instabilen Feldern und David Bohm von einer bestimmten Ordnung, die im Kosmos vorherrscht. Die Pioniere der Quantenphysik Erwin Schrödinger, Werner Heisenberg, Niels Bohr und Wolfgang Pauli wussten, dass alle Elektronen überall gleichzeitig miteinander verbunden sind, doch welche spirituelle oder medizinische Bedeutung dies für den menschlichen Körper und andere Energiesysteme hat und dass es kosmische Codes gibt, ließen sie unerwähnt. Daraus folgere ich, dass es auch ihrem Bewusstsein verborgen blieb. Bei aller Wertschätzung für wissenschaftliches Arbeiten muss man sagen, dass auch in der heutigen Zeit noch nicht alles, was existiert und schon immer existiert hat, messbar und beweisbar ist. Diejenigen, die trotzdem »Beweise« für die Cosmic Codes suchen, nehme ich gern mit auf einen kleinen Ausflug in die moderne Kunst.

Der französische Künstler Paul Cézanne hat mit seiner postimpressionistischen Malerei eine Brücke zwischen der Kunst des späten 19. Jahrhunderts und der des frühen 20. Jahrhunderts geschlagen. Picasso und Matisse nannten ihn ihren »künstlerischen Vater«. Cézanne und Vincent van Gogh waren in Künstlerkreisen dafür bekannt, dass ihre Gemälde auf einem kosmischen Code basierten. Dieser Code ist ein Informationsspeicher, der ein Individuum mit dem Kosmos verbinden kann und der von diesen Künstlern als kontinuierliche Schöpfung erfahren wurde. Die kosmischen Daten sind durch die Hand des Künstlers in ein Feld der Farben geflossen, das auf der Leinwand zum Ausdruck kam. Die Energien, also die Codes des Kosmos, sind lebendig, beschrieb es Cézanne. Er hat seine Farben als den Ort bezeichnet, wo das Gehirn das Universum trifft (vgl. *Leonardo*, Vol. 24, No. 2, 1991, S. 119–121). Auch wir sollten, um die Wirkungsweise unterstützender kosmischer Codes wirklich erleben zu können, den rationellen Teil unseres Gehirns zunächst auf Sparflamme schalten und die kosmischen Daten einfach fließen lassen. Ich werde Ihr Gehirn immer wieder gern mit Fakten versorgen, wie man einem hungrigen Kleinkind den Brei löffelweise verabreicht. Vertrauen Sie mir, auch darin habe ich viel Erfahrung.

Die nächsten Ausflüge gehen in die faszinierende Welt des dreiteiligen Films *Matrix*. Wenn Sie ihn noch nicht gesehen haben, holen Sie es bitte bald nach. Er wird sehr viel in Ihrem Unterbewusstsein bewegen und Ihnen helfen, sich an Ihr Ursprungswissen zu erinnern. Der Film zeigt, dass unsere Welt aus Informationscodes besteht. Nichts ist feste Materie. Weder der Stuhl, auf dem ich sitze, während ich dieses Buch schreibe, noch das Glas Wasser, nach dem ich greife, wenn ich eine Schreibpause einlege.

Alle Materie ist Energie … Es gibt keine Materie.

Albert Einstein

Können Sie mir folgen, wenn ich Ihnen erkläre, dass Ihre Finger, Ihr physischer Körper, Ihr Auto, Ihr Haus und alles, was Sie sonst sehen und anfassen können, eine Projektion ist und nur aus Energie besteht, deren Informationscode Ihr Gehirn interpretiert? Ich glaube schon, denn andernfalls würden Sie dieses Buch gar nicht lesen.

Im Film *Matrix* sagt Morpheus zu Neo: »*Du bist hier, weil du etwas weißt. Etwas, das du nicht erklären kannst, aber du fühlst es. Du fühlst es schon dein ganzes Leben lang, dass mit der Welt etwas nicht stimmt. Du weißt nicht, was es ist, aber es ist da. Wie ein Splitter in deinem Kopf, der dich verrückt macht. Dieses Gefühl hat dich zu mir geführt.*«

Auch wenn sie spüren, dass irgendetwas mit der Welt nicht stimmt, und nach Antworten suchen, fragen sich viele Menschen, warum sie sich immer im Kreis drehen und keinen Ausweg finden. Die Wahrnehmung der meisten Menschen ist durch einprogrammierte Gedanken und Glaubenssätze (kontrollierende Codes) so manipuliert und eingeschränkt, das sie das Spiel der »normalen« Gesellschaft und ihrer Kontrollmechanismen einfach nur mitspielen – sie funktionieren. Viele Menschen sind sich nicht darüber bewusst, dass sie sich in einer energetischen Informationsmatrix befinden, die ihr Unterbewusstsein mit Codes füttert, aber nicht liebevoll, wie man ein Kleinkind mit Brei füttert, sondern mit der Absicht, um des eigenen Vorteils willen abhängig und krank zu machen. Werfen Sie daher alle angeblich bindenden Normen, Verantwortungen und Pflichten auf einen großen Müllhaufen, wenigstens für kurze Zeit. Fassen Sie den Entschluss, aus der Sie umgebenden Matrix auszusteigen – wenigstens während Sie dieses Buch lesen.

Was ist eigentlich die Matrix? Morpheus hat es Neo so erklärt:

»Die Matrix ist allgegenwärtig. Sie umgibt uns. Selbst hier ist sie, in diesem Zimmer. Du siehst sie, wenn du aus dem Fenster guckst oder den Fernseher anmachst. Du kannst sie spüren, wenn du zur Arbeit gehst ... oder in die Kirche ... und wenn du deine Steuern zahlst. Es ist eine Scheinwelt, die man dir vorgaukelt, um dich von der Wahrheit abzulenken.

Welche Wahrheit?

Dass du ein Sklave bist, Neo. Du wurdest wie alle in die Sklaverei hineingeboren und lebst in einem Gefängnis, das du weder schmecken noch sehen noch anfassen kannst. Im Gefängnis deines denkenden Geistes.«

Die Matrix funktioniert, weil Informationen, die normalerweise von Menschen decodiert werden könnten, durch andere Informationen ersetzt werden, die dann als vermeintliche Realität wahrgenommen werden. Für meine Leser und Seminarteilnehmer öffne ich die Tür dieses limitierenden Gedanken-Gefängnisses und mache mit ihnen Ausflüge in die Welt der Energie, der kosmischen Codes. Dabei wirke ich gemeinsam mit Lichtwesen, die bei der Suche nach Antworten und Lösungen Hilfestellung geben. Ob, wann und wie weit er oder sie selbst durch diese Tür geht, kann nur jeder für sich entscheiden.

Das Erkennen der kosmischen Codes setzt das Verständnis voraus, dass wir sie in der Regel nicht mit unseren physischen Augen sehen. Es sind Lichtenergien. Mit den physischen Augen sehen wir nur einen winzigen Teil des elektromagnetischen Spektrums, das sichtbare Licht. Der mit den Augen wahrnehmbare Wellenlängenbereich des Lichts umfasst 380 bis 780 nm beziehungsweise 384 bis 789 THz. Für viele andere Frequenzbereiche und Energieformen hat unser Körper einfach keine Rezeptoren. Sie sind aber trotzdem vorhanden.

Um auf die Wissenschaftler zurückzukommen: Es wird davon ausgegangen, dass das elektromagnetische Spektrum nur 0,005 Prozent der Materie im Universum ausmacht. Das sichtbare Licht ist nur ein Bruchteil dieser 0,005 Prozent. Der Rest des Universums wird von den Wissenschaftlern als dunkle Materie oder dunkle Energie bezeichnet. Sie halten sie für dunkel, weil sie sie nicht sehen können. Um es für Sie einfacher zu machen, spreche ich hier vom sichtbaren und vom unsichtbaren Universum wie ich auch zwischen körperlichen und nicht körperlichen Wesen unterscheide. Eins gleich vorweg: Es gibt nicht nur ein Universum, sondern unendlich viele Universen, Galaxien, Realitäten, Welten, Möglichkeiten – grenzenloses Bewusstsein.

Wir als Bewusstsein und Energie sind Bestandteil des Ganzen. Wie ein Radio- oder Fernsehgerät, das prinzipiell Hunderte von Sendern empfangen kann, nehmen wir nicht alle gesendeten Informationen gleichzeitig wahr, obwohl sie gleichzeitig existieren – in unterschiedlichen Frequenzbereichen, aber in derselben Realität. Wir haben nur Zugang zu diesen Informationen, wenn wir sie decodieren – und dazu brauchen wir einen Schlüssel.

So ist es auch mit den Cosmic Codes. Wenn wir uns nicht auf sie einschwingen können, beispielsweise weil wir den Programmen der irdischen Matrix verhaftet sind, nehmen wir sie nicht wahr. Im Auto hören wir den Verkehrsfunk nur, wenn der entsprechende Sender im Radio eingestellt ist. Wenn wir Essen aufwärmen, erkennen wir die hohe Schwingungsfrequenz des Mikrowellengeräts nur daran, dass die Speisen nach ein paar Minuten heiß sind. Und die Strahlungsfrequenz des Handys nehmen wir nur wahr, wenn es plötzlich klingelt.

Die Cosmic Codes, von denen ich hier spreche, sind die Urinformationen, die beispielsweise dazu geführt haben, dass sich Materie in einer bestimmten Form entwickelt hat oder dass Energie auf eine bestimmte Weise wirkt. Sie sind Schwingungsmuster, aus denen die Blaupause der Schöpfung besteht.

Der französische Mathematiker Benoît Mandelbrot war in den 1970er-Jahren davon überzeugt, dass es einen Schlüssel zum Code des Lebens gibt. Er glaubte, ein grundlegendes Prinzip erkannt zu haben: *Strukturen in der Natur verzweigen sich oft in immer feinere Unterstrukturen, die sich im Wesentlichen nur durch ihre Größe unterscheiden.* Diese sich wiederholenden Strukturen nennt man Fraktale.

 Die Natur wiederholt sich selbst und folgt dabei einem kosmischen Code.

Das Prinzip der Wiederholung nutzen mittlerweile auch Computeringenieure, etwa in der Filmindustrie. Früher mussten wagemutige Kameraleute in den Hubschrauber steigen und Landschaften filmen, die dann in der Produktion Bild für Bild nachgezeichnet wurden, damit im Film eine Fantasielandschaft gezeigt werden konnte. Im Zeitalter der digitalen Filmaufnahmen hat sich dies geändert. Dank Mandelbrots Entdeckung der fraktalen Geometrie übernehmen Computer in der Filmindustrie die Aufteilung eines Bildes, beispielsweise in unzählige kleine Dreiecke, die sich viele Male wiederholen. Der Zuschauer sieht im fertigen Film aber nur die Ganzheit der realistisch wirkenden Landschaft, des Vulkanausbruchs etc.

Atmen Sie dreimal tief ein und aus. Erlauben Sie Ihrem Gehirn, sich zu entspannen. Das Gehirn hat die Tendenz, automatisch nach dem zu suchen, was die Cosmic Codes gebildet hat. Doch genauso müßig wäre es, im Fernsehgerät nach dem Sprecher zu suchen, der uns die Wetterkarte erklärt und außerdem nicht nur mitteilt, dass es regnet, sondern auch, warum es mal wieder regnet.

Ich erinnere mich noch gut an eine Fernsehserie aus meiner Kindheit, die *Catweazle* hieß. Catweazle war ein witziger Magier und Zauberer aus dem Mittelalter, der sich in der Zeit verirrt hatte und im Jahr 1969 gelandet war. Er landete in der »modernen Welt« und fand unter anderem etwas ganz Faszinierendes, was ihn in jeder Episode immer wieder in großes Erstaunen versetzte: den Lichtschalter. Er liebte es, den Lichtschalter mehrfach an- und wieder auszuknipsen, und war begeistert, wenn der Raum plötzlich hell erstrahlte. Wow, dachte er und nannte es den »Elektrik-Trick«.

Wenn es um das Thema Energiemedizin geht, ist das Bewusstsein vieler Menschen immer noch im Mittelalter. Es wird faszinierend sein, wenn wir die Wirkung der Cosmic Codes gemeinsam erfahren und plötzlich helles Licht ins Dunkel bringen.

Das menschliche Energiekörpersystem – unser Biocomputer

Der menschliche Körper ist eine Art biologisches Computersystem, das sich selbst regulieren und heilen kann. Das Immunsystem funktioniert dabei wie das Defragmentierungsprogramm des Computers. Mit enormer Schnelligkeit werden Abweichungen vom Informationscode erkannt und repariert – und der Körper wird geheilt.

Die Informationen in den Zellen unserer Organe sind Anleitungen für ihre permanente Reproduktion nach dem immer gleichen Schema. Speicher- und Verarbeitungsmedium für diese Informationen sind DNS und RNS. Wenn die Informationen verändert werden, die genetischen Codes also nicht mehr stimmen, können Zellschäden, Organschäden und Krankheiten auftreten. Veränderungen der Codierungen können beispielsweise durch das Eindringen von Viren verursacht werden. Das menschliche Immunsystem hat, ähnlich wie die Firewall eines Computers, die Aufgabe, das Eindringen von Viren zu verhindern, bevor die Informationen in den Zellen korrumpiert werden. Voraussetzung dafür ist, dass das biologische Computersystem Erfahrung im Umgang mit diesen Viren hat. Falls dies nicht der Fall ist, liegt auch keine Information vor, die dem Schutz dient, was fatale Folgen haben kann. Es ist möglich, diesen Schutz mit Cosmic Codes energetisch aufzubauen und zu stärken, jedoch anders als Sie vielleicht jetzt annehmen, denn er kommt nicht von außen.

Zunächst muss man jedoch wissen, dass der physische Körper des Menschen im ständigen Austausch mit seinem Energiekörpersystem steht. Das Energiekörpersystem funktioniert dabei wie eine hochsensible Antenne und nimmt eine große Bandbreite an Frequenzen wahr, die über verschiedene Codes verschlüsselt empfangen und auch vom System gesendet werden.

Wir alle nehmen das Senden dieser Energien wahr, beispielsweise als menschliche Ausstrahlung. Je nachdem, wie sensibel unser eigenes System ist, können wir die ausgesendeten Signale decodieren und als Bilder oder Emotionen wahrnehmen. Die Ausstrahlung kann als angenehm oder unangenehm empfunden werden. Wir nehmen in erster Linie mit unseren fünf Sinnen wahr und reagieren auf der körperlichen Ebene. Wir spüren beispielsweise, ob jemand Angst hat, traurig oder glücklich ist, und nennen diese Fähigkeit Mitgefühl oder Empathie. Wir sehen, schmecken, riechen, hören, tasten und bewegen uns dabei in dem winzigen, bereits beschriebenen Spektrum der sichtbaren Welt, die wir täglich erleben. Doch bei dieser »Realität«, die wir da erleben, handelt es sich um decodierte Informationen, die als Energiewellen durchs Universum fließen. Unser subjektives Erleben ist eine Interpretation dieser Energiewellen. Die meisten Menschen glauben, sie leben in einer physischen Welt, doch die gibt es gar nicht. Die Basis unseres Universums ist nicht physisch. Vielmehr ist dieses Universum ein Hologramm, ein Konstrukt aus energetischen Informationen, die codiert empfangen und dann decodiert werden, so weit es unser Energiekörpersystem vermag.

Vergleichen kann man es mit dem Internet. Wir sind nicht verrückt, wenn wir die Codes des Kosmos in Bildern sehen und die entsprechenden Informationen abrufen können. Viele von uns machen das täglich, wenn sie sich mit dem Computer ins Internet einklicken und sich dort Bilder anschauen. Alle Menschen können ihr Energiekörpersystem und ihren physischen Körper auf den Empfang des kosmischen Internets einstellen. Voraussetzung ist, dass man das Bewusstsein dafür hat. Was ich hier Bewusstsein nenne, ist wie ein unendliches Energiefeld, bestehend aus Cosmic Codes, einer Lichtsprache, die man wahrnehmen kann. Bewusstsein ist in allem vorhanden, auch wenn man nicht daran glaubt.

Das Bewusstsein wandelt und erweitert sich im Laufe der Zeit und das gilt auch für das Verständnis vom menschlichen Energiekörpersystem. Es gibt unzählige Bücher aus allen Epochen und Kulturen, die das Energiekörpersystem des Menschen beschreiben und erklären. Die Meinungen gehen zwar auch hier auseinander, doch offenbar ist man im Laufe der Jahrtausende weltweit übereingekommen, dass es das Chakrasystem gibt. Die Chakras sind feinstoffliche Energiezentren, die bestimmten Regionen des physischen Körpers zugeordnet werden. In den meisten Abbildungen des Chakrasystems sieht man die sieben Hauptchakras (1. Leiste, 2. Unterbauch, 3. Solarplexus, 4. Herz, 5. Hals, 6. Stirn, 7. Oberster Punkt des Kopfes/Scheitel). Auch ich habe vor zehn Jahren in einem meiner Bücher die Funktion dieses Systems erklärt. Die wenigsten Energieheiler und Therapeuten sind jedoch hellsichtig genug, um die einzelnen Energiezentren klar und deutlich wahrzunehmen. Noch seltener haben sie Erfahrung damit, die in den Chakras gespeicherten Informationen direkt abzurufen und die unterschiedlichen Lichtsignale aus der Lichtsprache der Chakras zu übersetzen.

Manche Autoren gehen von einem Zwölf-Chakra-System aus, bei dem fünf Chakras außerhalb des physischen Körpers liegen, etwa unter den Füßen und über dem Kopf. Es ist sicher ein Schritt in die richtige Richtung, wenn »aufgeschlossene« Bevölkerungsschichten zu der Erkenntnis gelangen, dass Menschen nicht nur aus irdischer Materie bestehen. Doch ob das indische, das chinesische, das tantrische oder das moderne Chakramodell beziehungsweise deren vielfältige Interpretationen richtig sind, ist für das Cosmic Recoding völlig unerheblich, denn es basiert auf einem neuen, holografischen Paradigma.

Eine Analogie zur Chakradebatte wäre, sich darüber zu streiten, welche Webseite im Internet die richtige Spielwiese ist, ohne das Spiel wirklich zu verstehen oder gar zu meistern. Das Erscheinungsbild einer Website kann ja auch nur verändert werden, wenn der Programmierer die Codes und somit die Programme ändert, mit denen die Website angefertigt wurde, und zusätzlich die Viren entfernt, die vielleicht den Ursprungscode beschädigt haben.

Meine tägliche Arbeit mit Menschen, die Hilfe suchen, hat mich einen Bewusstseinsschritt weitergeführt. Natürlich habe ich mich ausgiebig mit dem Chakrasystem beschäftigt, doch um Zugang zur Ursache einer Krankheit, einer Energieblockade oder eines anderen Symptoms zu bekommen, muss man tiefer schauen: in die Urinformation, in den Lichtcode, der für das verantwortlich ist, was uns auf der physischen Ebene oder auch auf der Energieebene begegnet. Die ursprüngliche Bedeutung des Wortes Chakra ist »Rad«. Hellsichtig angeschaut ist es ein sich drehendes Rad aus Licht mit unterschiedlichen Frequenzbereichen, woraus sich wiederum die bekannte Farbzuordnung ergeben hat.

Das Energiekörpersystem wird daher auch als Lichtkörper bezeichnet. In der aus meiner Sicht veralteten Literatur wird oft unterteilt in den mentalen Körper, den emotionalen Körper, den ätherischen Körper, den spirituellen Körper und andere. Analog dazu gibt es die Beschreibungen der verschiedenen Energiekörper oder Schichten, die sich um den physischen Körper legen wie bei einer russischen Puppe und die sogenannte Aura bilden. Die Farben dieser Aura kann man sogar in Kirlianfotografien sehen, frei nach dem antiquierten Motto: *Alles, was ich sehen kann, gibt es auch. Und was ich nicht sehen kann, gibt es nicht.*

Was die Aurafotografen jedoch selten dazusagen, ist, dass sich die Farben der Aura ständig verändern. Oft ebenso schnell, wie man mit der Fernbedienung einen anderen Sender einstellen kann, ändert sich das, was wir als Bild »sehen«, besonders wenn wir andere Emotionen empfinden. Emotion ist *Energy in motion* (»Energie in Bewegung«). Auf dem Aurabild sehen wir also nur eine Momentaufnahme.

In der Arbeit mit meinen Klienten nehme ich die Ursprungsinformationen wahr, die Cosmic Codes, die Lichtsprache, wenn Sie es so nennen möchten. Es gibt dabei keinen Unterschied und keine Trennung zwischen dem physischen Körper und dem Energiekörpersystem. Ein Feld mit Codes interagiert mit anderen Feldern, wenn Sie es sich so vorstellen möchten. In meinem Bewusstsein gibt es diese Unterscheidung nicht wirklich, sondern nur ein einziges Feld mit zum Teil unterschiedlichen Schwingungsfrequenzen, das ich auch selbst bin. Vergleichbar ist es mit einem Ozean aus kleinen, mittleren und riesigen Wellen.

Das Feld ist in allen Dimensionen und Richtungen der Zeit gleichzeitig. Der bekannte Zulu-Schamane Credo Muttwa nennt es *Die stille Höhle, wo Vergangenheit, Gegenwart und Zukunft eins werden* (vgl. *Die stille Höhle*). Es gibt in diesem Feld keinen wirklichen Raum, es sei denn, man kreiert ihn mit dem eigenen Bewusstsein, was ich oft mache. Ich bezeichne ihn dann als den visualisierten Heilraum, in dem sich ein Klient während der energetischen Behandlung befindet und die energetische Transformation erlebt. Es gibt, wie gesagt, auch keine lineare Zeit und doch können wir uns mit dem Bewusstsein in ein sogenanntes früheres Leben begeben, wenn es dem Auffinden einer Energieblockade dienlich ist. Das ist etwa so, als würde man sich einen Film anschauen, der vor vielen Jahren gedreht wurde. Einige der Schauspieler sind vielleicht schon verstorben. (Auch der Tod ist ein Konzept des alten Bewusstseins.) Diesen alten Film können wir auch nur im Jetzt anschauen. Es gibt keine andere Zeit, auch wenn wir dieser Illusion oft unterliegen. Der meiste Stress, den sich Menschen machen, entsteht dadurch, dass sie in einer anderen Zeitphase leben.

Im Rahmen einer Visionssuche haben wir mit den Seminarteilnehmern eine Übung gemacht. Sie sollten die Zeit wählen, in der sie sich am häufigsten aufhalten. Dazu verteilten sie sich im Seminarraum, der durch unsichtbare Linien in drei »Zeitzonen« aufgeteilt war: Vergangenheit, Zukunft und Gegenwart. Es war interessant zu sehen, dass sich einige – jene mit einem ausgeprägten Schuldbewusstsein, die sich selbst nicht verzeihen konnten – mit ihren Gedanken und Emotionen ausschließlich in der Zeitzone Vergangenheit aufhielten. Sie machten sich ununterbrochen Stress und Vorwürfe, auch wenn eine traumatische Erfahrung schon viele Jahre her war. Die Zukunftsgruppe hatte sehr viel Angst – Angst, Zweifel und Ungewissheit. Sie fragten sich ständig, was wohl noch Schlimmes geschehen könnte, ob sie eine finanzielle Krise erleben oder ihren Arbeitsplatz verlieren würden, was mit ihrer Partnerschaft passieren würde … Ich könnte hier noch seitenweise alle möglichen Ängste aufzählen, aber das möchte ich Ihnen aus energetischen Gründen ersparen.

Viel wichtiger ist es, dass Sie beim Lesen an dieser Stelle kurz eine Pause machen und tief durchatmen. Wenn Sie möchten, stehen Sie auf und teilen den Raum, in dem Sie sich gerade befinden, mit gedachten Linien in drei Zeitzonen auf. Wählen Sie ganz spontan und intuitiv eine Zeitzone aus, stellen Sie sich hinein und spüren Sie, wo Sie sich mit Ihren Gedanken und Emotionen am meisten aufhalten. Was fühlen Sie dabei?

Bei unserem Erlebnis mit den Seminarteilnehmern schien die dritte Gruppe immer zwischen den Erfahrungen aus der Vergangenheit und den noch ungeklärten Möglichkeiten der Zukunft hin und her zu springen. Das hat sie unter großen Druck gesetzt. Manche Menschen sind in solchen Stresssituationen wie gelähmt und können keine Entscheidungen treffen. Ihr Biocomputer läuft besonders schnell Gefahr, einen stressbedingten Burn-out zu erleben.

Augenscheinlich war keiner der Seminarteilnehmer wirklich nur in der Gegenwart, in jenem einzigen Bewusstseinsmoment, der keinen Stress bereitet. Kinder und Tiere haben normalerweise keinen Stress, es sei denn, sie nehmen die Informationscodes ihres Umfeldes auf (Epigenetik). Ansonsten leben sie stressfrei in der sogenannten Gegenwart, die aus einem anderen Blickwinkel betrachtet auch schon Vergangenheit oder Zukunft sein könnte. Aber ich möchte Sie nicht verwirren. Einigen wir uns lieber darauf, dass Zeit eine Illusion ist.

In meinen CRC-Behandlungen wird bei von der Zeit gestressten Klienten eine Vorgehensweise angewandt, die eine einem Defragmentierungsprogramm vergleichbare Wirkung hat. Das lässt sie wieder in einem stressfreien Bewusstseinsmoment ankommen – und das Immunsystem kann seine Selbstheilungsaufgaben wahrnehmen. Dieses CRC-Programm hat, um es gleich vorwegzunehmen, eine besondere Schwingung mit der Energiefrequenz der Liebe.

Entdeckungsreisen in die unsichtbare Welt der Energie

Um Cosmic Recoding samt seinen Hintergründen und Anwendungsmöglichkeiten wirklich zu verstehen, braucht es Einblicke in die für die meisten Menschen unsichtbare Welt der Energie. Dort wird eine mit allen Sinnen wahrnehmbare Sprache gesprochen, die ich »Energiesisch« nenne und deren Grundlagen ich in meinen Seminaren vermittle. Für das Erlernen ganz gewöhnlicher Fremdsprachen wie Englisch, Italienisch oder Portugiesisch gibt es verschiedene Methoden. Man kann Vokabeln auswendig lernen, Grammatikregeln pauken und sich mit all dem ordentlich abmühen – meist mit eher dürftigem Ergebnis – oder man begibt sich auf eine Entdeckungsreise in das entsprechende Land und bleibt einfach offen für alles, was dort gesprochen oder auch auf andere Weise vermittelt wird. Das macht Spaß und führt in aller Regel dazu, dass man die fremde Sprache wie von selbst lernt. Ich lade Sie jetzt auf eine erste Entdeckungsreise in die unsichtbare Welt der Energie ein.

Entdeckungsreise 1: Es geht los

Auf diese Entdeckungsreise nehmen wir hilfreiche visualisierte Gegenstände mit: eine Energiebrille, ein Sensorgerät und eine Zitrone.

Stellen Sie sich vor, ich schicke Ihnen eine Limousine, die bei Ihnen vorfährt und Sie abholt. Sie setzen Ihre Energiebrille auf und steigen ein. Alsbald merken Sie, dass Sie nicht wirklich allein in der Limousine sitzen. An Ihrer Seite sitzt ein nicht körperliches Wesen. Sie sind überrascht, dass Sie es sehen können. Es hat zwei schillernde, transparente Flügel und einen liebevollen, strahlenden Blick. Sie fühlen sich sofort wohl mit diesem lichtvollen Reisebegleiter. Sie nehmen außerdem wahr, dass in diesem Gefährt schon viele Reisende mitgefahren sind. Wenn Sie jetzt Ihr Sensorgerät aufdrehen, spüren Sie die Energien der Fahrgäste, die vor Ihnen da waren. Ein kleines ungeduldiges Mädchen hat hier gesessen. Ihr konnte es nicht schnell genug gehen, an ihr Ziel zu kommen. Auch ein kleiner Hund gehörte zu den ehemaligen Fahrgästen, doch der hat sich gleich eingekuschelt und ruhig geschlafen. Sie schauen aus dem Fenster und sehen, dass Sie an Feldern und Wiesen und dann an einer kleinen Kirche mit anliegendem Friedhof vorbeifahren. Sie spüren, dass das kleine Mädchen dort ausgestiegen ist und seine Oma besucht hat, mit der es sprechen konnte, obwohl sie schon lange im Himmel war.

Ihr Reisebegleiter schaut Sie verständnisvoll an und weiß, dass Sie bald bei einem Regenbogen ankommen werden. Sie schauen aus dem Fenster und freuen sich über die strahlenden und doch transparenten Farben des Regenbogens. Jede Farbe hat eine Botschaft und flüstert Ihnen etwas zu. Rot sagt: Du brauchst dich nicht zu sorgen, es ist alles in Ordnung. Du bist sicher. *Orange sagt:* Du bist nie allein. *Gelb hat eine Antwort auf alle Ihre Fragen* und nimmt den inneren Druck, irgendetwas tun zu müssen. *Grün erreicht direkt Ihr Herz, und es fühlt sich wirklich so an, als würden Sie leicht berührt, auch an den Stellen, wo es noch weh tut. Türkisblau ist die Farbe, die ein angenehmes Gefühl in Ihnen weckt und die latent vorhandene Angst, alle diese Eindrücke zuzulassen, einfach nimmt. Der nächste Strahl des Regenbogens ist violett und berührt Sie besonders intensiv – so sehr, dass die Limousine jetzt anhält und Sie gemeinsam mit Ihrem Reisebegleiter aussteigen. Nach ein paar Schritten sehen Sie ein großes goldenes Tor. Sie lesen, was dort in großen Buchstaben geschrieben steht:* WILLKOMMEN IN DER WELT DER ENERGIE. *Es ist, als würde das Tor zu Ihnen sprechen:* Wir sagen hier »du« und sind nicht so förmlich, bleiben aber immer respektvoll. *Das Tor spricht? Oder ist es die Wahrnehmung meiner eigenen inneren Stimme?*

Jedenfalls ist es einladend und macht neugierig. Du gehst hindurch und lässt das mitgebrachte Gepäck in der Limousine, die jetzt abfährt und nicht wiederkommt. Denn wenn du erst einmal in die atemberaubende, wundervolle Welt der Energie eingetaucht bist, gibt es kein Zurück mehr. Irgendwie kommt dir hier alles bekannt vor, doch gleichzeitig ist es neu und spannend. Ist es möglich, dass der Stuhl auch zu mir spricht? Kann es sein, dass diese Pflanze mir Guten Tag *gewünscht hat? Oder bilde ich mir das einfach alles ein?*

Die Gerüche sind auch extrem wahrnehmbar und stimulierend. Du erinnerst dich an deine mitgebrachte Zitrone und holst sie aus der Tasche. Auf der Zitrone sind Schriftzeichen oder so etwas Ähnliches – wie aufgedruckt. Und wenn du genauer hinschaust, kannst du erkennen, dass die Zitrone eigentlich ein Energieball ist, der dir Botschaften sendet: Iss mich, ich bin ganz reif. *Dein Reisebegleiter nickt dir aufmunternd zu und gibt dir ein Messer. Du weißt auch ohne Worte, dass du aufgefordert bist, die Zitrone in zwei Hälften zu schneiden, und das machst du. Eine Hälfte gibst du deinem Reisebegleiter, die andere behältst du. Der Saft spritzt aus der Zitrone* und riecht ziemlich sauer. Doch du hast Lust hineinzubeißen und machst es. Schmecke den Saft in deinem Mund, er ist frisch und sauer, *sagt dein Reisebegleiter. Noch ein bisschen mehr schmeckst du ihn und Speichel fließt in deinem Mund zusammen, den du tapfer hinunterschluckst. Es ist erstaunlich, wie real dein Erlebnis in der Welt der Energie ist. Wie intensiv du empfindest und wer und was mit dir in Kommunikation ist. Es ist, als würde alles Signale aussenden, die du entschlüsseln kannst. Es sind Lichtimpulse, auf die du reagierst und von denen du automatisch weißt, was sie bedeuten sollen. Wow! Hier beginnt ein spannender Teil deines Lebens. Du hast dich auf ein Abenteuer eingelassen, hast das Tor deines Bewusstseins geöffnet und einen Abstecher in die Welt der Energie gemacht, die dir nun jeden Tag vertrauter wird. Irgendwie findet auch alles gleichzeitig statt, merkst du jetzt. Du hast dieses Buch in der Hand und bist doch auch in einer anderen Welt, die dir sehr gut gefällt. Du möchtest sie und ihre Bewohner näher kennenlernen und beschließt nun, noch länger dort zu bleiben.*

Du bist eingeladen, ein energetisches Elixier zu trinken, das noch mehr Türen in dir öffnen wird und gleichzeitig ein Reinigungsmittel ist für alles, was noch feststeckt an alten, tiefen Erinnerungen, die dir das Leben schwer gemacht haben. Sieh den großen Topf mit diesem grün-goldenen Elixier. Ein Kelch wird für dich abgefüllt ... Oder bilde ich mir das alles ein, *kommt als flüchtiger Gedanke hoch. Nimm den Kelch wahr, der dir jetzt gereicht wird. Der Inhalt nennt sich Elixier des Lebens und hilft dir, dich an die Zeit zu erinnern, in der es möglich war, die* Codesprache Energiesisch *zu verstehen und zu sprechen. Sie wird auch telepathisch wahrgenommen und ist ohne Zeit. Sobald du eine Frage hast, bekommst du die Antwort. Es gibt kein Grübeln mehr. Du machst jetzt die spannende Entdeckung, dass der Kelch in deiner Hand seine Form und Farbe verändern kann. Einfach so, nur mit deinen Gedanken gibst du die Impulse, und es scheint, als wäre der Kelch auf einmal butterweich und forme sich zu einem langstieligen Glas ...*

Jetzt hast du Feuer gefangen und probierst weiter, mit deinen Gedanken zu spielen: Was mache ich mit diesem Kaffeebecher in der Hand? *Und schon siehst du die Form eines Kaffeebechers mit einem großen Henkel und entsprechendem Inhalt. Du überlegst, was du noch alles formen könntest in dieser Welt der unendlichen Möglichkeiten. Du möchtest auf jeden Fall noch eine Weile hier bleiben. Es ist aber auch ein wenig unheimlich und ungewohnt, dass du plötzlich alles, was ist, sehen kannst und dass in dieser Welt eigentlich auch keine Trennung der Gegenstände erkennbar ist. Erst wenn du dich ganz darauf konzentrierst und es genau beobachtest, verändern sich Farbe und Form von dem, was ist – von der Energie, die dich umgibt, die du bist.*

Oh Schreck, du wolltest gerade wie gewohnt auf deine Armbanduhr schauen. Da siehst du, dass dein Arm fast durchsichtig ist, als bestünde er aus kleinen Partikeln, die leuchten. Was du siehst, ist eine Art Skizze deines Arms, der sich durchaus bewegen lässt und deinen Gedankenimpulsen folgt. Jetzt bin ich aber einen Schritt zu weit gegangen, *denkst du. Es bleibt aber dabei, du gehst weiter auf deiner Entdeckungsreise und dein Reisebegleiter scheint innerlich ein wenig zu kichern, denn so geht es allen, die zum ersten Mal hierherkommen und aufgewacht sind. Es ist keine Traumwelt. Es ist die reale Welt, ein holografisches Energiefeld, das sich bewegt und mit dem du interagierst. Bist du noch der Leser eines Buches? Oder bist du in Wirklichkeit ein Besucher dieser Welt?* Du bist beides, *sagt dir dein inneres Wissen sofort und du gehst weiter. Angekommen bist du nun an einem Baum, an einem großen Apfelbaum. Beim näheren Hinsehen nimmst du wahr, wie winzige Lichtpartikel an der Baumrinde nach oben fließen und sich dabei unterhalten. Alles ist lebendig, alles fließt und unterhält sich. Das macht dir ja gerade Spaß und spornt deine Neugier noch mehr an.*

Bitte Platz nehmen, *hörst du von dem Baum, der zu deiner Überraschung zu einem Holzstuhl geworden ist und doch immer noch ein Baum bleibt. Auch das kann beides gleichzeitig sein. Du nimmst Platz auf diesem bequemen Holzstuhl und hörst plötzlich eine leise Melodie. Es ist der Kosmos, der da singt, ein ganz altes Lied, das schon vor Anbeginn der Zeit entstanden ist. Es bewegt dich, es bringt alles in Schwingung und deine Zellen scheinen zu vibrieren. Sie gehen in Resonanz mit dem Lied des Kosmos. Wie Wind durch die Blätter weht, weht die Schwingung dieses kosmischen Liedes nun durch deinen Körper, der Energie ist. Es ist ganz viel Platz zwischen den einzelnen Zellen und jetzt spürst du den kosmischen Wind, die kosmische Schwingung in allen deinen Zellen.* Wir haben dich immer gern gehabt, *hörst du als liebevolle Botschaft,* nie wollten wir dich verletzen. *Es ist einfach Zeit zu erkennen, dass alles, was du je empfunden hast, eine Illusion oder ein Traum war. Du bist hier und gleichzeitig überall.*

Du sitzt weiter auf dem Holzstuhl und schließt jetzt die Augen. Im nächsten Moment – praktisch sofort – bist du in einem früheren Leben angekommen. Ein Leben in der Natur, wo alle Steine zu dir gesprochen und dir geholfen haben, wenn du als Kind vom Weg abgekommen warst und nach deinem Zuhause gesucht hast. Hier gab es kein Gefühl der Verlorenheit, sondern nur Geborgenheit und Zuversicht. Alles war unsterblich.

Ein paar Gedanken weiter erinnerst du dich an das Altern. Auch das war nur vorübergehend wie eine Jahreszeit, bei der auf jeden Fall die Gewissheit besteht, dass sie vorübergehend ist. So wie gewiss ist, dass der Schnee in den Bergen nicht liegen bleibt, sondern der Frühjahrsonne weichen wird. Du kannst jetzt die Sonne spüren und weiterreisen durch eine Zeit, die Unendlichkeit heißt.

Warum bin ich hier? *fragst du dich.* Was hat dies alles zu bedeuten? *Eine einfache Antwort auf diese Frage gibt es nicht. Sie ist ein Menschheitsgedanke, der sich eingeschlichen hat. Die Energie der Akzeptanz von allem, was ist, rauscht jetzt herein, gepaart mit Unbeschwertheit.* Ich darf sein *ist das Bewusstsein, das dir eine Verschnaufpause von deinen noch vorhandenen irdischen Gedankengängen gönnt.*

Bin ich denn schon lange hier? Wie bin ich hierhergekommen? *Auch das sind Fragen, die dir zeigen, dass sich dein Gehirn jetzt noch mehr ausruhen darf. Wie verabredet wird es weitergehen auf deiner Entdeckungsreise in die Welt der Energie. Deine erste Lektion wirkt in deinem Unterbewusstsein weiter. Du brauchst es nicht zu steuern, es geht ganz von selbst. Es gibt kein Vergessen und kein Zurück, wenn die Bewusstseinsreise einmal begonnen hat. Tiefe Ruhe empfindest du nun, denn es hat gut getan. Die Energien dieser anderen Welt haben dich entspannt. Du darfst nun das Buch zuklappen und dich ausruhen. Gönne dir eine kleine Pause und lass alles auf dich wirken. Dein Reisebegleiter führt dich zurück in die Bewusstseinswelt der Lebewesen, die noch nicht aufgewacht sind. Psst, sei leise. Du brauchst ihnen nichts von deinem Abenteuer zu erzählen. Es ist möglich, dass sie noch schlafen. Danke, dass du aufgewacht bist. Nur die Mutigen finden den Weg in diese Welt, obwohl der Zugang ganz einfach ist. Wir sehen uns wieder, sagt dein Reisebegleiter und fließt durch dich hindurch. Auch er ist ein Code, den du entschlüsselt hast. Nur so konntest du ihn wahrnehmen. Ruh dich aus ...*

Was sehen wir wirklich?

Nun, nachdem Sie gerade von einer Entdeckungsreise zurückgekommen sind und viel gesehen haben, interessiert es Sie sicher, wie die menschliche Wahrnehmung wirklich funktioniert. Auf Ihrer Reise durch die Welt der Energie haben Sie mit Ihrem sogenannten »dritten Auge« gesehen, das Ihnen den Zugang zum Kosmos ermöglicht hat.

Herzlichen Glückwunsch! Sie brauchen nun kein weiteres Seminar mehr zu belegen, bei dem Ihnen jemand Ihr drittes Auge öffnet. (Autsch!) Diese Veranstaltungen gehören hoffentlich bald der Vergangenheit an. Das Öffnen des dritten Auges ist ein reiner Bewusstseinsprozess, den Sie soeben selbst durchlaufen haben. Die hohe Energieschwingung Ihres Reisebegleiters hat diesen Prozess für Sie vereinfacht.

Mit unseren physischen Augen können wir, wie bereits erwähnt, nur ein winziges Spektrum von Energie- und Lichtfrequenzen wahrnehmen. Das bedeutet aber noch lange nicht, dass wir alle dasselbe sehen, auch wenn es sich in diesem sichtbaren Spektrum vor unseren Augen befindet. Und wo wir schon beim Thema Schwingungen und menschliche Wahrnehmung sind, möchte ich ergänzen, dass wir auch nicht wirklich mit den Ohren hören. Das Ohr reagiert lediglich auf akustische Reize – auf Schallwellen, die das Trommelfell in Schwingung versetzen. Diese Schwingungen werden im Innenohr in elektromagnetische Impulse übersetzt, die dann wiederum über den Hörnerv an das Hörzentrum im Gehirn (den Temporallappen) weitergeleitet werden. Erst dort entsteht die Wahrnehmung eines Tons oder Geräuschs. Indem man diese Gehirnregion mit elektromagnetischen Impulsen stimuliert, die ebenfalls von kosmischen Codes ausgehen, kann man die Lichtsprache »hören«. Ebenso kann man mit Frequenzsignalen synthetische Emotionen wie Angst im Gehirn eines Menschen erzeugen. Es ist wichtig, sich gegen diese Art von Frequenzen zu schützen.

Der Zeit voraus

In allen Epochen gab es Künstler, Autoren, Wissenschaftler, Propheten und Heiler, die ihrer Zeit weit voraus waren. Galileo Galilei, Leonardo da Vinci, Nikola Tesla, Mahatma Gandhi, Dr. Martin Luther King, John Lennon und Michael Jackson gehören sicher dazu. Leider wurden viele dieser begnadeten Menschen zu Lebzeiten verkannt oder gar umgebracht, weil ihren

Zeitgenossen das Bewusstsein fehlte, das nötig gewesen wäre, um ihre Genialität auch nur ansatzweise zu verstehen. Die große Masse konnte die Kunst, die Gedanken, die Thesen, die Forderungen dieser Vorreiter »nicht nachvollziehen«, was oft dazu führte, dass sie verspottet, verachtet, bestraft, gefoltert und sogar getötet wurden. Das Mittelalter war eine besonders schlimme Zeit für unkonventionelle Denker, die damals oft samt ihrer Aufzeichnungen und Bücher auf dem Scheiterhaufen der Inquisition endeten. Nur weil sie sahen, was andere noch nicht sehen konnten. Auch gegen Galileo Galilei wurde ein Inquisitionsverfahren eingeleitet und er musste im Jahre 1633 seiner Lehre von der Erdbewegung abschwören. Von da an war er bis zu seinem Lebensende der Aufsicht der Inquisition unterstellt. Erst 359 Jahre später (1992) wurde er durch den Vatikan offiziell rehabilitiert.

Heute gibt es andere, moderne Maßnahmen der Bestrafung für die Vorreiter und Lichtkinder dieser Zeit, beispielsweise medikamentöse Zwangsjacken und Anstalten, in die sie eingewiesen werden. Manche von ihnen verschwinden auch einfach. Dabei geht es ihnen einzig und allein darum, Lebewesen, die Hilfe suchen, auch wirklich zu helfen und neues Bewusstsein zum besten Wohl aller zu verankern. Spüren Sie eine Resonanz in Ihrem Herzen? Ganz sicher sind auch Sie Ihrer Zeit voraus, sonst würden Sie dieses Buch gar nicht lesen.

Wie kann es eigentlich sein, dass jemand seiner Zeit voraus ist? Woher kommen die neuen Gedanken, Erfindungen und Informationen?

Sie kommen aus der »stillen Höhle«, einem Feld mit allen Möglichkeiten der Ewigkeit, zu denen wir Zugang haben, wenn wir es möchten. Die Möglichkeiten sind kosmische Codes, die man sich, wenn man sie noch nie gesehen hat, als Wellenformen vorstellen kann, obwohl sie Bewusstsein sind und nicht wirklich eine Form haben. Sobald wir sie beobachten, erkennen wir die Schwingungen, und wenn wir sie länger beobachten, erkennen wir Partikel, kleine Teilchen wie Buchstaben einer Lichtsprache. Die Informationen dieser codierten Licht- und Energieträger gehen mit dem Empfänger in Resonanz. Er sieht sie und beobachtet weiter. Dadurch formieren sich aus diesen Partikeln Erkenntnisse, die unter Zugabe weiterer Beobachter-Energie etwas Neues kreieren. Eine sogenannte Idee wird decodiert, kann sich entwickeln, wird aufgeschrieben. Vielleicht entsteht daraus ein Buch oder ein Musikstück, vielleicht ein Bild, ein neues Konzept oder eine Medizin. Im Kosmos ist alles schon vorhanden. Es formiert sich nur »neu«, und zwar durch das Eintauchen des Bewusstseins in die stille Höhle. Dort können die Informationen empfangen und decodiert werden und manifestieren sich dann als holografische Realität.

Entdeckungsreise 2: Die stille Höhle
Auf diese Entdeckungsreise nehmen wir einen hilfreichen visualisierten Gegenstand mit: eine rote Rutsche.

Stell dir mit geschlossenen Augen eine rote Rutsche vor. Kindheitserinnerungen an einen Lieblingsspielplatz bringen sofort Gefühle der Unbeschwertheit und Freude hoch. Dein Erwachsensein verblasst, und du empfindest einfach wie ein Kind, das sich durch nichts vom Spielen und Erleben ablenken lässt.

Du setzt dich nun auf die Rutsche, die heute besonders lang ist. Es geht sofort los. Du beginnst hinunterzurutschen. Viele Kurven machen den Spaß noch größer und du vergisst die Außenwelt. Nun kommt ein Tunnel. Du rutschst hindurch und es wird stiller und immer stiller. Am Ende des Tunnels plumpst du von der Rutsche in ein weiches Nest aus weißen Federn. Du legst dich dort hinein und fühlst dich geborgen. Nun achtest du nur noch darauf, wie sich die stille, kuschelige Höhle anfühlt. Du kannst dich dort gut entspannen und endlich ausruhen.

Nun nimmst du einen Schalter wahr, mit dem du die Einflüsse der Außenwelt endgültig abstellen kannst. Auch den Regulierer der Gedanken und der inneren Uhr entdeckst du. Du stellst die mit der Alltagsmatrix verbundenen Systeme nun ab. Atme dabei tief durch und lass die Augen geschlossen.

Nach einer kleinen Weile nimmst du Lichtsignale wahr, die sich in faszinierender Weise bewegen. Du nimmst sie als schwingende Wellen oder Fäden wahr. Es scheint, als suchten sie nach einem Partner, mit dem sie sich verbinden können, um neue Formen anzunehmen. Sie verbinden sich und lösen sich wieder. Du beobachtest den kosmischen Tanz dieser Lichtsignale. Wenn es dir gefällt und du dies aus deinem Herzen ausstrahlst, werden noch mehr Teilchen kommen und für dich tanzen. Ganz schön und leicht, bis sie einen kleinen Haufen bilden und leuchtende Materie zu entstehen scheint. Die Lichtsignale wissen nicht, was sie werden sollen. Das darfst du ihnen sagen. (An dieser Stelle beginnt der Prozess der Manifestierung, der bei jeder Reise in die stille Höhle anders ist.)

Vielleicht sendest du den Wunsch nach Glück aus deinem Herzen aus. Dann siehst du, wie sich eine holografische Figur formiert. Sie dreht sich in 3-D vor deinem geistigen Auge und scheint auf dich zuzukommen. Ohne dass du sie genau erkennen kannst, löst sie bei dir Emotionen aus. Es ist, als ob du im Herzen berührst wirst. Die Figur besteht aus unzähligen Lichtpartikeln – Codes, die mit ihrer Schwingung der Emotion Glück entsprechen und so dein eigenes energetisches Schwingungsfeld beeinflussen. Du hörst jetzt auch eine Stimme, und die sagt in die Stille: Ich bin du. Und in diesem Moment fliegen die Lichtpartikel dieser 3-D-Figur millionenfach in dein System und verbinden sich mit deinem Energiefeld. Es ist, als hätte sich die 3-D-Figur vervielfacht und sei jetzt als Fraktal in jeder Zelle vorhanden.

Alle deine Zellen tanzen nun im Rhythmus der Glücksfrequenz.

Lass es zu und atme weiter tief ein und aus. Es ist, als könntest du den Duft des Glücks einatmen und sein Prickeln auf deiner Haut spüren. Du legst dich in deiner stillen Höhle hin und erlebst mit all deinen Sinnen, was die lichtvollen Glückscodes in dir bewegen.

Nach einer zeitlosen Ewigkeit, in der du mit Beobachten beschäftigt warst und gleichzeitig nichts anderes getan hast, als alles zuzulassen, nimmst du jetzt wieder deinen Reisebegleiter wahr. Er ist an deiner Seite und lacht dich an. Ich sehe, du bist glücklich, *sagt er in seiner wohlwollend angenehmen Art.* Du bist glücklich, *sagt er noch zweimal und nickt. Und du antwortest telepathisch ohne sprechen zu wollen:* Ich bin glücklich. *Es ist einfach deine neue Schwingungsfrequenz.*

Nun drehst du die Schalter für die Außenwelt wieder an. Diesmal bist du zum Sender geworden. Deine Glückssignale werden immer lauter und stärker. Es ist Zeit, wieder aus deiner stillen Höhle zu kommen. Langsam und behutsam bewegst du dich wie auf einem Rollband zurück. Dein ganzes Bewusstseinsfeld sendet die Glückssignale als Informationscodes in der Lichtsprache aus. Dein physischer Körper nimmt dich als Bewusstsein auf, und du erkennst, dass du eins mit ihm bist. Heilung findet statt, wenn du zur Schwingungsfrequenz des Glücks geworden bist. Ich bin glücklich, *ist dein pulsierendes Signal. Alles, was im Kosmos mit diesem Bewusstseinszustand in Resonanz geht, wird in dein Leben gezogen. Du musst nicht darauf warten. Es ist schon da.*

Willkommen im Hologramm

Michael Talbot hat in seinem Buch *The Holographic Universe* erklärt und bewiesen, dass alles, was wir bewusst wahrnehmen, eine holografische Realität ist. Professor Dr. Walter Schempp, der unter anderem zur klinischen Magnetresonanztomografie geforscht und das Quantenhologramm entdeckt hat, verdeutlicht im Rahmen seiner Studien, dass die Erinnerungen eines Menschen nicht wirklich im Gehirn selbst abgelegt werden.

Die holografische Erinnerung wird vielmehr als Wellenmuster in einem physikalischen Vakuum gespeichert, ähnlich wie wir in der Computer- und Kommunikationswelt unsere Daten auf einer »Cloud« speichern können und nicht mehr nur auf der Festplatte unseres Computers und somit überall, unabhängig von Zeit und Raum, Zugang dazu haben.

Cosmic Recoding ist ein Beispiel für eine Methode des neuen holografischen Paradigmas, welches besagt, dass unser Kosmos als Ganzes nur ein riesiges Hologramm ist. Er ist vielmehr eine Sammlung elektromagnetischer Frequenzen und mit CRC können wir mehrere Ebenen der Wirklichkeit decodieren.

Das menschliche Gehirn decodiert mit sogenannten Fourier-Analysen seine eigenen Zugangskanäle und empfängt je nach Kanal eine begrenzte Anzahl von elektromagnetischen Frequenzen, die es auswerten kann. Fourier war ein Mathematiker, mit dessen Formeln ich Ihnen hier sicher keine Freude machen würde. Stattdessen erkläre ich sie Ihnen anhand eines gesunden grünen Smoothies, dessen Rezept man nachträglich entschlüsseln möchte. Wenn man den fertigen Smoothie mit einem geeigneten Filtersystem (Gehirn) in seine Bestandteile zerlegen, also analysieren könnte, welche Bestandteile in welcher Menge vorhanden sind, hätte man das ursprüngliche Rezept. Um wieder zum fertigen Smoothie zu kommen, geben wir alles zurück in den Mixer. Das macht unser Gehirn mit Leichtigkeit. Jedes Gehirn hat sein eigenes Filtersystem. Es nimmt einen Ausschnitt wahr, aus dem der betreffende Mensch seine eigene »Realität« kreiert, die eine decodierte Wirklichkeit aus vielen parallelen Welten ist. Alles, was wir sehen, ist eine Information, ein Cosmic Code in Wellenform. Nur wenn wir sie decodieren können, ist diese Information eine für uns wahrnehmbare Realität.

Erinnern Sie sich, dass wir wie ein Fernsehgerät codierte Signale empfangen, die sichtbar werden, wenn wir das Gerät einschalten? Die Tatsache zu begreifen, dass wir selbst mit allem, was ist, ein Hologramm sind, fällt nicht unbedingt leicht. Ich empfehle nicht, dies bei der nächsten Familienfeier mit »Unaufgeschlossenen« oder »Unaufgewachten« zu diskutieren. Wenn Tante Berta erfährt, dass sie die letzten 80 Jahre als Hologramm in menschlicher Verkleidung unterwegs war und dass alle schönen und schrecklichen Erlebnisse die Projektion eines Zeit-Raum-Schauspiels waren, lässt sie vielleicht vor Schreck die nicht wirklich vorhandene Kaffeetasse fallen. Noch ist nicht jeder im Einheitsbewusstsein angekommen. Dieses Bewusstsein hat nämlich nichts mit der Weisheit des Alters zu tun. Im Gegenteil. Oft haben es gerade die jungen Menschen, die noch offen sind und sehen, was wirklich ist, bevor ihnen gesellschaftliche Normen die Sicht versperren.

Für die Heilung ist es jedoch unerlässlich, dass wir die fehlerhaften Annahmen über uns selbst und die damit verbundenen Glaubenssysteme ändern. Leider ist noch weitgehend unbekannt, dass wir mit anderen Codes/Informationen unseren Körper erneuern und verjüngen können. Tatsache ist, dass sich 98 Prozent der Atome im Körper und die daraus gebildeten Organe immer wieder erneuern. Wir alle leben in einem ständigen Prozess von Geborenwerden und Sterben. Laut Dr. Deepak Chopra bewirkt allein der Glaube an den Tod und das Altern die Illusion des Todes, das scheinbare Verlassen eines holografischen Körpers.

Die Geschichte von Tom

Ich beschäftige mich schon lange mit dem Filtersystem des Gehirns. Und weil viele Teilnehmer an meinen Ausbildungsseminaren Lichtwesen aus der geistigen Welt sehen möchten, erkläre ich es schon am ersten Tag. Spätestens am zweiten QEH-Ausbildungstag ist dies für etwa 95 Prozent der Teilnehmer auch möglich. Oft haben codierte Glaubensmuster und unterbewusste Programme vorher das Wahrnehmen geistiger Wesen verhindert. Durch Lichtmeditationen und Atemtechniken wird der Filterungsprozess aufgelöst und die blockierenden Informationen werden decodiert. Ich sage trotzdem gleich dazu, dass es keine objektive Realität gibt. Menschen haben unterschiedliche Erfahrungen und somit unterschiedliche Wahrnehmungen ihres Bewusstseins.

Die Geschichte von Tom, die Michael Talbot in seinem Buch *Das holographische Universum* erzählt, hat mir geholfen, die Wahrnehmung des holografischen Universums zuzulassen. Ich gebe sie hier mit meinen eigenen Worten wieder:

Auf einer Party von Michaels Vater trat zur Unterhaltung der Gäste ein professioneller Bühnen-Hypnotiseur auf. Ein Freiwilliger namens Tom wurde auf eigenen Wunsch mit Hypnose in einen tranceähnlichen Zustand versetzt. Die Suggestion des Hypnotiseurs war, dass Tom, wenn er ihn aufwecken würde, nicht mehr in der Lage wäre, seine eigene Tochter wahrzunehmen, die sich im selben Raum befand. Er bat die Tochter von Tom, der auf einem Stuhl saß, sich so vor ihren Vater zu stellen, dass dessen Augen direkt auf ihren Bauch gerichtet waren. Als der Hypnotiseur Tom aufweckte, war dieser immer noch unter Hypnose, ohne zu wissen, dass er eine Suggestion bekommen hatte, geschweige denn welche. Nur die anderen Anwesenden und seine Tochter wussten es. Der Hypnotiseur fragte, ob Tom seine Tochter in dem Raum sehen könne. Er verneinte es, denn er konnte sie nicht sehen, obwohl sie genau vor ihm stand. Nun nahm der Hypnotiseur einen Gegenstand in die Hand, stellte sich hinter die Tochter und hielt den Gegenstand in Höhe ihres unteren Rückens. Er fragte Tom: »Kannst du sehen, was ich hier in meiner Hand halte?« »Ja«, sagte er, »eine Uhr.« »Kannst du auch die Schrift erkennen, die auf der Uhr eingraviert ist?« Zum großen Staunen aller las Tom genau vor, was auf der Uhr eingraviert war, während seine Tochter quasi vor seiner Nase stand und ihm theoretisch die Sicht versperrte.

Wenn die Welt wirklich aus dichter, fester Materie bestünde und nicht aus kodierten Energiewellen, wäre so etwas nicht möglich. Der Körper der Tochter und alles scheinbar Feste in diesem Universum ist eine Information in Wellenform. Die »erstaunliche« Geschichte von Tom kann somit ganz einfach erklärt werden: Solange eine Information beziehungsweise Codierung in Wellenform nicht decodiert und somit in das Hologramm gebracht wird, kann das Bewusstsein im Spektrum des sichtbaren Lichtes auch mit guten Augen nicht sehen, was ist!

Der Hypnotiseur hat mit seiner Suggestion eine Art Firewall, ein codiertes Programm in Toms Bewusstsein implantiert, das ihn daran gehindert hat, ein bestimmtes Energiefeld in holografischer Form zu erkennen, sprich: seine eigene Tochter bewusst wahrzunehmen. Da die »Codierung Tochter« vorübergehend aus dem Hologramm gelöscht war, stand sie auch für ihn nicht dazwischen und er konnte die Schrift auf der Uhr hinter ihr problemlos lesen. In der Welt, wie Tom sie in diesem Moment erfahren hat, war seine Tochter nicht vorhanden. Die unter Hypnose eingepflanzte Firewall hat Tom an der Decodierung des »Informationscodes Tochter« gehindert.

Was ist denn noch alles möglich? Haben Sie Kenntnis davon, dass die Wahrnehmung der Menschen durch Massenhypnose manipulierbar ist? Fällt Ihnen ein, wo dies täglich eingesetzt wird? Gehen Sie noch selbst einkaufen? Surfen Sie im Internet? Schauen Sie fern? Wie können Sie wissen, was real ist und was nicht?

Und wenn Sie dieses Buch lesen, rauscht dann alles einfach an Ihnen vorbei, und Sie haben gar keine Fragen dazu? Dann sollten Sie wie beim Spiel *Monopoly* noch einmal zurück zum Start gehen.

Damit Sie Cosmic Recoding verstehen und für ihre Selbstheilung und die Optimierung Ihrer eigenen Welt einsetzen können, müssen Sie erkennen, dass die physische Welt mit all ihren Problemen nicht real ist. Alles ist Illusion. Es sind Informationen, die von Ihren Wahrnehmungssensoren decodiert werden.

Sind wir wirklich hier?

Telepathie und Wissenschaft

Manche Menschen sind ergebnisorientiert und freuen sich einfach, wenn etwas funktioniert, auch ohne genau zu wissen wie. Ich bin beispielsweise durchaus zufrieden, wenn mein Auto zuverlässig funktioniert und ich damit fahren kann, wohin ich möchte. Andere wollen es ganz genau wissen, werden Automechaniker oder Maschinenbauingenieur und sind von den Details eines Motors fasziniert. Anders als sie bin ich froh, wenn ich meinen Kopf nicht unter eine Motorhaube stecken muss.

Ähnlich geht es mir mit der Telepathie. Ich wende sie täglich an, und sie funktioniert ganz besonders bei Menschen, die mir nahestehen. Das reicht mir im Prinzip. In der energetischen Kommunikation mit Lichtwesen ist die Telepathie die übliche Art der Verständigung.

Es gibt jedoch Skeptiker und Menschen, die es ganz genau wissen wollen. Diese Gruppe wird sicher interessieren, dass ganz aktuell, während ich dieses Buch schreibe, Harvard-Wissenschaftler in Zusammenarbeit mit dem Neurowissenschaftler Giulio Ruffini (Starlab Barcelona) von einem Durchbruch in der Telepathie-Forschung berichten. Sie konnten erstmalig mit Messinstrumenten nachweisen, dass es möglich ist, von Gehirn zu Gehirn zu kommunizieren, ohne dass eine physische Verbindung zwischen den Probanden besteht. Die Botschaft wurde von einer Person in den USA zu einer anderen in Frankreich gesandt, wobei zum

Nachweis elektromagnetische Instrumente benutzt wurden. Die übermittelte Botschaft wurde in binäre Nummern konvertiert (1 und 0), also in einen Code! Übertragen wurde dieser Code mit einer Technik namens *transcranial magnetic simulation* (»transkranielle Magnetsimulation«). Das magnetische Pulsieren produzierte Gehirnaktivitäten, die in der peripheren Wahrnehmung des Empfängers wie Lichtblitze aussahen, die derjenige dann wieder in ein Wort konvertiert hat. Alvaro Pascual-Leone, Professor für Neurologie an der Harvard-Universität, spricht von einem bahnbrechenden wissenschaftlichen Nachweis der Telepathie.

Auch ich freue mich über diese Ergebnisse, doch aus meiner Sicht ist die Informationsübertragung in Form von Codes aus dem Quantenfeld erfolgt, und zwar in der sogenannten Nullzeit im Hyperraum. Die eigentliche Verständigung kann man auch Hyperkommunikation nennen. Der Sender leitet eine Information von der Ebene der Materie (ein Bild oder Wort), die er über seine Sinnesorgane aufgenommen hat, zu seinem Bewusstsein in die feinstoffliche Energieebene weiter. Jede Bewusstseinsform hat Zugriff auf diese Ebene, auf dieses Feld – natürlich auch der Mensch. Auf dieser Bewusstseinsebene ist alles eins ohne Abgrenzung. Da kann es also auch keine »Firewall« geben. Der Empfänger erhält Informationen auf der Energieebene und leitet diese weiter, beispielsweise in das Gehirn auf die Ebene der Materie.

Das Feld wartet auf uns. Wie wir mit ihm kommunizieren, ist entscheidend, denn es reagiert darauf. Für mich ist es selbstverständlich und natürlich, dass Telepathie funktioniert – zwischen (räumlich und zeitlich) voneinander entfernten Menschen, zwischen Mensch und Tier, zwischen Lichtwesen, Naturwesen und allem, was ist. Das ist nichts Neues. Indigene Völker berichten schon seit Tausenden von Jahren von dem Spinnennetz (Spider Woman, Hopi-Indianer), durch das wir alle verbunden sind und so einfach miteinander kommunizieren können. Ich nenne es das kosmische Internet.

Es ist Zeit, dieses Feld mit seinen kosmischen Codes neu zu entdecken und die eigene Welt bewusst zu verändern, so wie jeder es für sich möchte. Das kann rasant schnell gehen. Unser Bewusstsein beeinflusst den Wechsel von dem formlosen in den materiellen Zustand in unvorstellbarer Geschwindigkeit. Jeder Mensch informiert permanent das Feld und erzeugt so die Realität, in der er lebt.

Wenn du die Geheimnisse des Universums erkunden willst,
dann denke an Energie, Frequenz und Schwingung.

Nikola Tesla

Das kosmische Internet

Die Menschen und alle anderen Lebewesen im Kosmos sind Bestandteil eines riesigen intergalaktischen Superorganismus. Davon sprechen die Quantenphysiker, aber beispielsweise auch die Lakota-Indianer, und zwar schon seit langer Zeit. In ihrer Sprache heißt es *Mitakuye Oyasin*, alles ist mit allem verbunden. Mit allem bedeutet: mit jedem Menschen, jedem Baum, jedem Tier, jeder Pflanze, mit den Elementen Wasser, Feuer, Luft und Erde, mit der Erde sowie mit allen Planeten, Universen und Galaxien. Mit allem Existierenden und allem noch Entstehenden in allen Richtungen der Zeit und des Raumes! Dennoch fühlen sich Menschen oft einsam und isoliert, weil sie ihre »Zugangsdaten« zu dieser Gemeinschaft vergessen haben. Allein das Bewusstsein des »Getrenntseins« führt zu Krankheiten beziehungsweise ist im Krankheitsfall auf der Zellebene zu beobachten. Während gesunde Zellen danach streben, sich zusammenzuschließen, verweigern Krebszellen diese Kooperationen und bleiben individuelle Zellen.

Das weltweite Internet hat Menschen einander näher gebracht. Webcams machen es möglich, Distanzen online zu überbrücken, sodass man sich sprechen und sehen kann – egal, wie weit man voneinander entfernt ist. Genauso ist es möglich, über das kosmische Internet zu kommunizieren. Man kann Informationen erhalten und sich auf eine bestimmte Frequenz einschwingen. Weil vielen Menschen nicht bewusst ist, dass sie selbst diese Fähigkeit haben, wenden sie sich an Heiler und Medien, die für sie mit der geistigen Welt in Verbindung treten. Es besteht derzeit ein großer Bedarf an spirituellen Büchern über Jenseitskontakte, darüber, wie man Verstorbene über ein Medium kontaktieren kann, sowie an Berichten von Leuten, die ein Nahtoderlebnis hatten. Das ist ein Zeichen dafür, dass sich das Bewusstsein der Menschen langsam für die unsichtbaren Welten öffnet.

Seit vielen Jahren bilde ich Menschen aus, die mit Engeln, Lichtwesen, Seelen und Tieren kommunizieren möchten. Meine Aufgabe besteht darin, meine Seminarteilnehmer daran zu erinnern, wie das für jeden leicht und sicher möglich ist. Die »Zugangsdaten« erhalten sie über die Energie der Liebe – die Herzenergie, ohne die eine Kommunikation mit Engeln nicht möglich ist. Liebe hat eine bestimmte Schwingung, eine Frequenz. Und wie bei einem Radiosender kann nur genau die Frequenz klar empfangen werden, die man eingestellt hat.

Wie bei allem, was man tun möchte, braucht es Übung, bis es schnell und sicher klappt. Die Erhöhung der eigenen Schwingungsfrequenz und viel Praxis machen so etwas wie eine bewusste Highspeed-Internetverbindung zum Kosmos und zu allem, was ist, möglich.

Entdeckungsreise 3: Endlich online
Auf diese Entdeckungsreise nehmen wir hilfreiche visualisierte Gegenstände mit: zwei weiße Lichthandschuhe und eine rosafarbene, duftende Rose.

Nimm wahr, dass an deinem Kopf und Körper verschiedene Knöpfe und Drähte angebracht sind, die deine Gedanken steuern. Mach dir bewusst, dass du dich in einem System befindest, in einer Matrix, die dich jeden Tag steuert und funktionieren lässt. Nur du selbst kannst dich jetzt entscheiden, eigene Gedanken zu denken und wahrhaft frei zu sein. Nimm dazu jetzt bewusst Kontakt zu deiner Seele auf. Deine Seele ist lichtvoll, ein unendliches Feld aus Energie mit hoher Schwingung, das jede Form annehmen kann.

Wie ein Kuchenteig, aus dem du Plätzchen in allen Formen kreieren kannst, nimmt die Energie deiner Seele jetzt die Form von zwei weißen Lichthandschuhen an. Sieh die weißen Lichthandschuhe vor deinem geistigen Auge und bitte darum, dass nun alle Kontroll- und Zugriffsmöglichkeiten auf dein Bewusstsein entfernt werden. Ohne zu wissen, woher diese Kontrolle kommt. Die Kontrollenergien werden gründlich entfernt, alle Knöpfe und Drähte, alle anderen blockierenden und einschränkenden Energien. Die Lichthände deiner Seele arbeiten gründlich und entsprechen deinem Wunsch. Eine tiefe Reinigung und Transformation findet statt. Die Scheuklappen werden von deinen Augen genommen, die Stöpsel aus deinen Ohren entfernt, alle Sinne werden sensibilisiert und auf superklaren Empfang eingestellt.

Es ist ein Gefühl, wie wenn du ins Freie trittst und endlich frei durchatmen kannst. Nimm die Düfte wahr. Es sind Schwingungen und diese Informationen werden nun klar und deutlich übersetzt. Alle Schwingungen, mit denen du in Resonanz gehst und die hilfreich für dich sind, werden ganz deutlich wahrnehmbar.

Visualisiere nun eine schöne Rose. Sie ist voll erblüht und duftet ganz wunderbar. Tauche ein in den Duft dieser Rose und spüre, dass du selbst diese Rose bist. Blatt für Blatt spürst du diese Rose, spürst dich selbst als Rose.

Nun nimmst du einen anderen starken Duft wahr, den einer rauchenden Zigarre. Atme vorsichtig ein und nimm diesen herben Geruch ganz bewusst wahr. Erlebe nun, wie du eins wirst mit der Zigarre. Du siehst den Rauch und freust dich darüber. Der starke Duft ist nicht mehr wahrnehmbar.

Du merkst nun schnell, dass du über dein Bewusstsein eins werden kannst mit allem, was ist. Du hast Zugang zu dem unendlichen Feld der Informationen, Schwingungen und Lichtcodes. Es ist eine spannende Entdeckung.

Geh nun mit deinem Bewusstsein an einen Ort, einen Urlaubsort, an dem du dich erholen kannst. Komm ganz dort an. Du kannst lichtvolle Wesen an diesen Ort einladen und mit ihnen in Kontakt treten. Beginne mit einer geliebten Person, die nicht mehr in ihrem physischen Körper ist, an die du aber sehr oft denkst und die du von Herzen liebst. Höre die Worte, die sie dir sagt: Du brauchst dich nicht anzustrengen, es ist ganz leicht. Ich bin nie wirklich weg gewesen. Ich kann dich sehen. Fühle nun meine Hand. Ich werde dich mit meiner Energie berühren. *Spüre den sanften Druck der Hand des geliebten Menschen.*

Und nun lass zu, dass du gleichzeitig einen Engel wahrnimmst. Er streicht dir ganz sanft über den Kopf und löst mit seiner Berührung mögliche Zweifel, Unverständnis, Trauer und Schmerzen aus deinem System. Lass diese Emotionen und ihre Ursprungscodes von dem Engel löschen. Bitte ihn dann um Recodierung und Aktivierung der lichtvollen Codes, die es dir ab sofort immer ermöglichen, online, das heißt, bewusst mit allem verbunden zu sein, was ist. Spüre: Ich und der Kosmos sind eins ...

Schutz durch energetische Firewalls

Die menschliche DNS sieht aus wie eine gewundene Doppelhelix und ist eine ideale Antenne für elektromagnetische Impulse. Sie ist eine Stabantenne, die von oben betrachtet ringförmig aussieht.

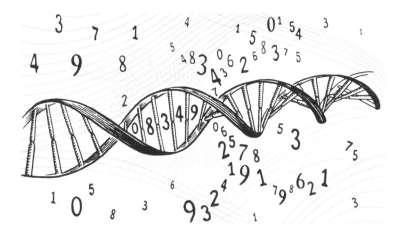

Die DNS nimmt elektromagnetische Energie auf und speichert sie, wenn sie bei passender Resonanzfrequenz in Schwingung versetzt wird. (Physikalisch nennt man ein solches System einen harmonischen Oszillator.) Wenn man sich die DNS-Spirale wie ein Wollknäuel vorstellt, an dessen losem Ende man zieht, hätte man einen etwa zwei Meter langen Faden mit einer Eigenfrequenz von 150 Megahertz. Dieser Frequenzbereich entspricht dem, der heute in der Mikrowellen- und Kommunikationstechnik weit verbreitet ist. Das ist wichtig und auch kein Zufall, denn somit ist es einfach, mit Worten und Signalen auf die DNS einzuwirken.

Mittlerweile hat jedes Kind – oft aus gut gemeintem Sicherheitsempfinden der besorgten Eltern – ein Handy bei sich. Wenn es selbst kein Handy hat, wird es trotzdem täglich mit Handysignalen geflutet, die unsichtbar durch unsere Umgebung strahlen. Auffällig sind die zunehmenden Schlafstörungen, Unruhezustände und Lernstörungen bei Kindern. Besonders traurig sind das häufige und beschleunigte Krebswachstum bei Kindern sowie Veränderungen im Blut und im Erbgut. Das gilt auch für Erwachsene, Tiere und andere Lebewesen.

Die Strahlung wirkt sich direkt auf die Mitochondrien aus, die »Kraftwerke« in den Zellen. Sie sind dann oft nicht mehr in der Lage, Brennstoff für die Zellen (ATP) zu produzieren. Ein ATP-Mangel kann beim Menschen zu chronischen Erschöpfungszuständen, Häufung von Schlaganfällen, Herzinfarkten etc. führen, da die sogenannten Kalium/Natrium-Pumpen ausfallen und der Biocomputer nicht mehr in der Lage ist, das Gleichgewicht zwischen dem Wasser in den Zellen und außerhalb von ihnen zu halten. Auch die roten Blutkörperchen, die normalerweise negativ geladen sind und sich abstoßen, können unter dem Strahlungseinfluss verklumpen.

Nach den Erkenntnissen des russischen Molekularbiologen Pjotr Garjajev speichert die DNS bei passender Resonanzfrequenz nicht nur die Energie des Lichtes, sondern auch die ihm aufgeprägten Informationen. DNS-Schwingungswellen können also die genetische Information selbst beeinflussen. Dies geschieht ganz einfach, etwa durch Worte einer menschlichen Sprache und auch durch die Codes der Lichtsprache, wie ich sie nenne.

Dieses Hintergrundwissen ist für das Verständnis von Anwendung und Wirkung des Cosmic Recoding von Bedeutung. Ebenso wie niedrig schwingende Energiewellen (ELF) eine krank machende Wirkung auf Lebewesen haben können, können hoch schwingende Energiewellen, etwa mit der Schwingungsfrequenz der Liebesenergie, heilend und fördernd wirken. Welche Energiewellen und Informationen möchten Sie auf Ihre Gene einwirken lassen?

Mit unserem erweiterten Bewusstsein haben wir Zugang zu allen Informationen des Universums, zum geistigen Internet. Unser Biocomputer empfängt diese Informationen, aber ist das immer gut für uns? Es ist sicher hilfreich, dass wir ohne Worte telepathisch kommunizieren können, Inspirationen erhalten und Impulse für künstlerisches und schöpferisches Schaffen empfangen. Manche Menschen sind sehr empathisch und haben großes Mitgefühl mit allen Lebewesen. Andere haben Zukunftsvisionen, wenn sie sich außerhalb der Raum-Zeit-Matrix bewegen. Alles schön und gut, aber nutzen wir das selbst oder wird diese Offenheit, die wir alle haben, von anderen genutzt, die uns entsprechende Signale senden?

Jetzt fragen Sie sich vielleicht, wer uns denn Signale senden sollte und warum. Diese Frage kann ich hier nicht ausführlich beantworten. Aufgrund meiner praktischen Erfahrung mit Klienten weiß ich jedoch, dass die Möglichkeit von mentalen und energetischen Angriffen besteht, die sich negativ auf das Wohlbefinden eines Menschen auswirken können. Ebenso besteht die Möglichkeit, in das persönliche Energiefeld eines Menschen einzudringen und Informationen sowohl abzurufen als auch zu platzieren. Dies sollte niemals ungefragt gemacht werden und wenn, dann nur um der entsprechenden Person und ihrer Familie auf Wunsch bei ihrem Selbstheilungsprozess zu helfen. Wenn Sie sich damit wohler fühlen, können Sie Ihren Biocomputer auch mit einer energetischen Firewall schützen.

Stellen Sie sich zwei Eier vor, die Sie jeweils in einer Hand halten. Eines ist roh, das andere gekocht. Sie möchten den Kern beziehungsweise den gelben Eidotter vor Zugriff schützen. Die Schale ist bei beiden Eiern gleich dick oder dünn. Wenn Sie jetzt fest zudrücken würden, welcher Eidotter wäre verletzlicher? Natürlich das rohe Ei, der Eidotter zerläuft. Es geht also bei lebenden Wesen nicht darum, die Schale dicker zu machen, um sie zu schützen, sondern darum, die Energie innerhalb der Schale zu verändern. Das hört sich vielleicht kompliziert an, ist aber ganz einfach und geschieht durch Schwingungserhöhung.

Wenn man an einen Backofen oder an eine Mikrowelle denkt, verändert sich der Zustand von roh zu gekocht durch Schwingungserhöhung, die wir im Allgemeinen als Zufuhr von Wärme erfahren. Wenn Sie dieses Beispiel auf Ihr Energiefeld, Ihren Biocomputer anwenden, verstehen Sie, was hier gemeint ist. Eine hohe Schwingung ist der energetische Schutz, eine hohe »Happy-Schwingung« ist die energetische »Firewall«.

In dem Film *Die Prophezeiungen von Celestine* gibt es eine Szene, in der Menschen von feindlichen, bewaffneten Personen verfolgt werden und selbst unbewaffnet sind. Wie können sie sich schützen? Ihre einzige Chance besteht darin, ihre Schwingung so zu erhöhen, dass sie quasi in eine andere Dimension eingehen und damit für ihre Verfolger unsichtbar sind. Das funktioniert auch gut, doch nur, solange sie die hohe energetische Schwingung halten können.

In dem Moment, in dem jemand niedrige Frequenzen, etwa von Angst oder Stress, zulässt, fällt er zurück und wird wieder »sichtbar« und somit angreifbar.

Lassen Sie sich bitte durch nichts runterziehen, und wenn Sie mal kurz davor sind, empfehle ich Ihnen, sich einfach den weltbekannten Song *Happy* von Pharrell Williams anzuhören. Der Text lautet sinngemäß: I am happy. Ich bin einfach glücklich. Auch wenn es verrückt klingt. Sonnen-Licht (Lichtwesen), es ist da. Du kannst Pause machen. Ich bin ein Heißluftballon und könnte (mit meinem Bewusstsein) in den Kosmos fliegen mit der Luft (dem Atem). Der Rest ist mir egal. Nichts kann mich runterziehen, mein Schwingungslevel ist zu hoch!

Bravo, Pharrell Williams! Hier und in vielen anderen Punkten sind wir einer Meinung.

Entdeckungsreise 4: Du bist der Kosmos

Auf diese Entdeckungsreise nehmen wir hilfreiche visualisierte Gegenstände mit: einen Lkw, einen Berg, einen Baum.

Mache es dir bequem und ruh dich aus. Es gibt nichts, was dich jetzt stören könnte. Du atmest ganz ruhig und erlaubst dir, auf deinen Herzschlag zu hören, der immer ruhiger wird. Dein Puls schlägt, und du spürst, wie das Blut in deinen Adern fließt. Du weißt, du hast diesen physischen Körper, doch du weißt auch, dass dein Bewusstsein alle Vorgänge deines physischen Körpers steuert.

Nun wirst du abgeholt. Ein großer Lkw fährt vor und du steigst hinten auf. Die Ladefläche ist sehr groß. Dein physischer Körper und dein Energiefeld finden darauf Platz. Nun fährt der Lkw auf einen hohen Berg. Immer höher und immer steiler bergauf werden dein Körper und dein Bewusstsein befördert. Mit großer Geschwindigkeit fährst du auf einen Berg, dessen Spitze über den Wolken liegt. Es ist der höchste Berg, den du dir vorstellen kannst. Die Sonne scheint hell dort oben und der Himmel ist strahlend blau. Du steigst aus und suchst dir einen bequemen Platz. Alles fühlt sich leichter an. Fast schwerelos bist du jetzt. Du gleitest regelrecht an einen Platz und siehst einen besonderen Baum. Unter dem Baum liegt ein schönes, großes Seidenkissen, auf dem du nun Platz nimmst. »Wow«, fragst du, »ist dies etwa der Platz, an dem vor mir schon Buddha gesessen hat?«

Es ist dieser Platz und die energetischen, lichtvollen Codes an diesem Ort beinhalten höchstes Bewusstsein. Alles ist möglich, alles kann seine Form verändern und neue Formen annehmen. Du ruhst dich aus auf diesem von Licht durchfluteten Kissen unter dem Baum. Spüre die Energie von Buddha, der auch an diesem Ort gesessen hat und noch immer als Energiefeld hier schwingt. Mit deinen geistigen Augen nimmst du zunächst so etwas wie eine menschliche Schablone wahr, doch dann realisierst du, dass es sich um ein Hologramm handelt – das Hologramm Buddhas. Es schwebt vor dir, kommt langsam auf dich zu und verschmilzt nach und nach mit deinem Biocomputer, mit deinem Bewusstsein. Es fühlt sich gut an. Ich bin du und du bist ich, *sind die Worte, die du in deinem Inneren hörst.*

Du schaust jetzt nach innen und siehst, dass sich der Planet Erde in deinem Inneren befindet – fast so, als hättest du ihn verschluckt. Du siehst, wie er in deinem Inneren schwebt. Ich bin Bewusstsein. Ich bin bereit zu verändern, was nicht reiner Liebe entspricht. *Und dann siehst du, wie die Erde sich in dir dreht wie auf einem Teller, den du in die Mikrowelle gestellt hast. Die Schwingung der Erde erhöht sich mehr und mehr. Und du hast dieses Feld der hohen Schwingung in dir. Es beeinflusst deine Realität. Nichts kann von außen angreifen, was sich in deinem Innern befindet.*

Du spürst jetzt, wie sich die Erdkugel in deinem Innern nach oben bewegt und in dein goldenes Herzzentrum eintaucht. Dort schrumpft sie und wird immer kleiner. Wie ein ganz winziges goldenes Lichtlein sieht sie jetzt aus. Wie ein winziger Energiefunken. Du lässt diesen winzig kleinen Energiefunken nun durch dein Körpersystem kreisen. Du bist das Universum. Du bist der Kosmos. Dein Feld hat die Frequenz der Liebe. Buddha sagt: Du hast verstanden. Du bist in mir, wie der Kosmos in dir ist.

Du schwingst jetzt noch eine Weile in diesem Einheitsfeld aus Liebe und Licht. Wenn du bereit bist, stellst du dein inneres Vergrößerungsglas wieder entsprechend ein und richtest deinen Fokus auf deinen physischen Körper, den Biocomputer, den du gleichzeitig mit einer Firewall aus Bewusstsein schützt. Nur du hast Zugang dazu.

Teil 2

Bestandsaufnahme des Energiefeldes

Wie jeder Arzt eine Bestandsaufnahme der Symptome eines Patienten macht, bevor er seine Diagnose stellt, empfehle ich, eine Bestandsaufnahme des Energiefeldes zu machen, nicht zuletzt zur Vorbeugung von Krankheiten.

In vielen Fällen könnte man körperliche Symptome und Krankheiten vermeiden, wenn man die Informationen des Energiefeldes rechtzeitig zur Kenntnis nehmen würde. Es gibt ein energetisches Frühwarnsystem, das Signale sendet, bevor alles zu spät ist. Ähnlich wie im Auto die Tankuhr, die auf voll, auf halb voll oder auf Reserve steht, gibt es auch im menschlichen Organismus ein System, das anzeigt, wie viel Energie und Kraft noch vorhanden sind. Ich fühle mich schlapp, ich bin müde, ich kann mich nicht konzentrieren – das sind erste Anzeichen, dass das Energiesystem möglicherweise geschwächt ist und Krankheitserreger leicht eindringen können. Genauso wie Sie nicht unbedingt jeden Anhalter mitnehmen, können Sie vermeiden, dass Eindringlinge einfach in Ihr Energiekörpersystem gelangen.

Die Eindringlinge, von denen ich hier spreche, sind für das menschliche Auge in der Regel unsichtbar. Nur hellsichtige Menschen, Kleinkinder und Tiere können sie sehen, und die meisten Menschen können sie fühlen, aber häufig nicht genau einordnen, warum sie diese Emotionen haben. Es ist beispielsweise möglich, dass jemand traurig oder sogar depressiv ist, sich den Grund dafür aber nicht erklären kann. Manchmal haben Menschen ein bedrückendes, belastendes Gefühl, das sogar Herzschmerzen auslösen kann, aber mit den üblichen schulmedizinischen Untersuchungsgeräten kann nichts festgestellt werden. Woran liegt das?

Würde man vor jedem EKG erst mal das Energiefeld untersuchen und reinigen, wäre es sehr gut möglich, dass die Symptome gleich danach verschwinden. Wenn die Windschutzscheibe eines Autos total verdreckt ist, prüft man ja auch nicht gleich sämtliche Funktionen des Motors, sondern putzt erst einmal die Scheibe. Es geht hier nicht darum, hilfreiche medizinische Maßnahmen abzulehnen, im Gegenteil! Zum Wohl der Patienten ist eine gute Zusammenarbeit zwischen der neuen Energiemedizin und der Schulmedizin erstrebenswert. Und wenn es um die Ursachen von Krankheiten und Beschwerden geht, sollte man immer zuerst in der energetischen Welt schauen, denn alles, was ist, war zu Anfang eine Information, eine Schwingung, ein Code.

Das Energiefeld Mensch

Stellen Sie sich ein Energiefeld wie eine große weiße Wolke vor – strahlend und lichtvoll. Die Wolke strahlt, weil sie das Licht der Sonne reflektiert. Die Sonne, die das Energiefeld des Menschen strahlen lässt, ist die Energie unserer Seele, denn die Augen sind die Fenster zur Seele.

Bei Kindern sind sie meistens strahlend und leuchtend, denn die Kraft ihrer Seele strahlt lichtvoll. Bei sehr alten, kranken Menschen strahlen die Augen leider kaum noch, sondern wirken trüb und verschwommen. Kranke Menschen haben keine positive Ausstrahlung. Ihnen fehlt es an Licht- und Lebensenergie, ihr Tank steht auf Reserve, die Batterie ist leer. Hellsichtige Menschen können wahrnehmen, dass im Krankheitsfall das Energiefeld eher wie eine graue Regenwolke aussieht. Sie sehen auch, ob es noch dunklere »Regenwolken« gibt, aus denen Schnee und Hagel zu fallen drohen, beziehungsweise ob schon eine Krankheit entstanden ist.

 Je dichter das Energiefeld ist, desto niedriger ist seine Schwingungsfrequenz.

Alle Organe haben eine Lieblingsschwingungsfrequenz, auf der sie gut funktionieren und gesund sind. Jedes Organ hat sein eigenes Energiefeld. Man kann also aus der wahrgenommenen energetischen Dichte in einem bestimmten Bereich des Körpers, etwa im Bereich der Leber oder des Magens, Rückschlüsse auf eine mögliche Funktionsstörung dieses Organs ziehen. Es gibt bereits diagnostische Hilfsmittel, mit denen man die energetische Strahlung der einzelnen Organe farblich sichtbar machen, die energetischen Frühwarnsignale erkennen kann, beispielsweise die Thermografie. Diese Methode wird auch zur Früherkennung von Brustkrebs eingesetzt. Mit ihr sind Veränderungen im Gewebe wesentlich früher zu erkennen als bei einer Mammografie und sie hat keine schädlichen Nebenwirkungen.

In den meisten Büchern wird das Energiefeld des Menschen als eine Art Hülle aus mehreren Schichten dargestellt, die den physischen Körper umgibt. Wie eingangs erklärt ist dies eine illusionäre Wahrnehmung, denn der physische Körper ist auch ein Energiefeld. Es gibt daher keine wirkliche Trennung zwischen Körper und umhüllender Aura, kein Drinnen oder Draußen.

Alles ist Energie, alles ist Information. Alles schwingt. Abhängig von der Frequenz kommuniziert alles miteinander.

Wenn die Schwingungsfrequenz des Energiefeldes Mensch hoch genug ist, wird es nicht mit Krankheit, also mit einer niedrig schwingenden Frequenz in Resonanz gehen. Das alte Glaubensmuster »Ich hab mich bei jemandem angesteckt« ist in der Zeit der neuen Energiemedizin absurd. Ein bekanntes Beispiel dafür, dass man sich nicht automatisch bei jemandem ansteckt, ist die Arbeit von Mutter Teresa. Sie hat in den Slums von Kalkutta die Ärmsten der Armen, die Unberührbaren behandelt und gepflegt. Viele von ihnen litten an »ansteckenden« Krankheiten wie Lepra,

Cholera und Typhus, doch Mutter Teresa hat sich nie »angesteckt«, denn sie hat aus Liebe gehandelt. Liebe hat eine sehr hohe Schwingungsfrequenz, die Kranken sind mit dem hohen Schwingungsfeld der Liebe von Mutter Teresa in Resonanz gegangen.

Anfangs glaubte ich, bekehren zu müssen. Inzwischen habe ich gelernt, dass es meine Aufgabe ist zu lieben. Und die Liebe bekehrt, wen sie will.

Mutter Teresa

Es gibt überall auf der Welt liebevolle Menschen, die sich um Kranke, Alte, Kinder, Tiere oder einfach um Hilfsbedürftige kümmern. In den letzten fünfzehn Jahren durfte ich viele dieser Erdenengel in QEH ausbilden. Ich danke ihnen von ganzem Herzen für ihr tägliches Wirken. Auch Sie als Leser dieses Buches leisten einen Beitrag zum Energiefeld der Liebe. Danke! Unsere Energiefelder berühren sich gerade, egal, wie weit entfernt wir voneinander sind, egal, zu welcher Zeit Sie dieses Buch lesen.

Wenn Energiefelder unterschiedliche Schwingungsfrequenzen haben, gibt es folgende Möglichkeiten: 1. die niedrige Frequenz erhöht sich, 2. die höhere Frequenz wird niedriger oder 3. beide treffen sich in der Mitte. Sie sollten also darauf achten, dass Sie sich durch nichts und niemanden »runterziehen« lassen beziehungsweise Ihre persönliche Schwingungsfrequenz unbewusst erniedrigen. Jede Lebenssituation, in der man sich erniedrigt fühlt, schlecht behandelt, beschimpft, gestresst oder sogar misshandelt wird, schadet der Schwingungsfrequenz des gesamten Organismus und somit der Gesundheit.

Zur Bestandsaufnahme des eigenen Energiefeldes empfehle ich folgende Vorgehensweise:

Listen Sie auf, in welchen Situationen Sie sich am wohlsten fühlen.
▷ Wo sind Sie?
▷ Was machen Sie?
▷ Mit wem sind Sie zusammen?
▷ Welche Emotionen empfinden Sie?
▷ Wie oft sind Sie in diesen Situationen?

Listen Sie auf, in welchen Situationen Sie sich unwohl bzw. gestresst fühlen.
▷ Wo sind Sie?
▷ Was machen Sie?
▷ Mit wem sind Sie zusammen?
▷ Welche Emotionen empfinden Sie?
▷ Wie oft sind Sie in diesen Situationen?
▷ Nehmen Sie fremde, störende Energien in Ihrem Energiefeld wahr?

Ziehen Sie nun Bilanz.
▷ Verbringen Sie mehr Zeit in Situationen der Kategorie 1 oder in Situationen der Kategorie 2?
▷ Wie häufig geht es Ihnen gut?
▷ Wie häufig sind Sie gestresst, schlapp und energielos?
▷ Wie oft sind Sie krank?
▷ Welche akuten Störungen oder Krankheiten haben Sie?
▷ Fühlt sich Ihr Energietank auf einer Skala von 1 bis 100 Prozent eher voll oder eher leer an?
▷ Fühlt sich Ihre Schwingungsfrequenz hoch oder eher niedrig an?

Wenn Ihre Bilanz nicht positiv ausgefallen ist, besteht Handlungsbedarf. Dabei geht es jedoch nicht darum, auf andere Menschen und ihre vermeintlich schlechten Energien zu schimpfen. Niemand ist an irgendetwas schuld, auch Sie selbst nicht! Setzen Sie bitte einfach die Energiebrille auf und erkennen Sie, dass alle Menschen Energiefelder sind, die sich berühren und gegenseitig beeinflussen. Wenn Ihre eigene Energie der Liebe groß genug ist und Sie wie die Sonne strahlen, lösen sich die Regenwolken um Sie herum einfach auf. Solange Sie negative Emotionen empfinden und beispielsweise wütend, neidisch oder hasserfüllt sind, schaden Sie sich selbst am meisten. Wer nicht verzeihen kann, behält diese Emotionen, diese Energieinformationen als Gift im eigenen System und wird sehr wahrscheinlich irgendwann daran erkranken. Es gibt auch keinen Grund, in einem Umfeld zu bleiben, das belastend, stressig und somit krank machend ist. Sie können alles verändern, wenn Sie es wünschen, wie immer Ihre derzeitigen Lebensumstände auch sein mögen. Wie bereits erklärt wurde, zeigt uns die Epigenetik, dass die Energien und Informationen unseres Umfeldes ausschlaggebend dafür sind, ob beispielsweise eine Zelle mutiert oder ein Organismus erkrankt. Wenn der Energiefluss gestört ist, wirkt sich das negativ auf alle Lebensbereiche aus, auch auf den Fluss der Finanzen und der Liebe. Es gibt immer Möglichkeiten, die eigene Schwingungsfrequenz zu erhöhen und positiv zu verändern.

Selbstanalyse Energiemangel

Der folgende Test gibt Ihnen Auskunft darüber, wie viel Energie Sie pro Tag zur Verfügung haben und wofür Sie diese Energie verwenden. Falls Sie unter Energiemangel leiden, ist die Wahrscheinlichkeit hoch, dass Sie gleichzeitig unter Zeit- und Geldmangel leiden, denn alles ist ein Ausdruck von Energie, die nur in unserer Wahrnehmung unterschiedliche Formen haben oder jeweils anderen Kategorien angehören.

Teil 1

Finden Sie heraus, wie viel von der Energie, die Sie täglich zur Verfügung haben, wohin fließt. Nehmen Sie ein Blatt Papier und zeichnen Sie sich selbst als Kreis in die Mitte. Darum herum ordnen Sie weitere Kreise an, die für Partner, Kinder, Beruf, Haushalt, ehrenamtliche Tätigkeit, Familienangehörige, Freunde, Vereine etc. stehen.

Zeichnen Sie nun ein, wie viel Energie (in Prozent) von Ihnen wegfließt und wie viel zurückkommt. Addieren Sie die Prozentzahlen.

Wie viel Energie haben Sie am Ende des Tages noch zur Verfügung? Sind es fünf, zehn, zwanzig Prozent oder noch mehr? Oder sind Sie im Minus, haben also am Ende des Tages weniger als ein Prozent? In meiner langjährigen Praxis habe ich die Erfahrung gemacht, dass die meisten Menschen energetisch bankrott sind. Sie geben wesentlich mehr Energie ab, als sie zurückbekommen, fühlen sich ausgelaugt, gestresst und werden krank.

Ist es nicht sinnvoll, eine energetische Bestandsaufnahme zu machen, bevor man die dadurch entstandenen Symptome und Krankheiten behandelt? Wenn ein chronischer Energiemangel vorliegt, bringen Maßnahmen zur Behandlung der Symptome nicht viel. Es ist dann etwa so, als würde man einem Baum kein Wasser geben und ihn nur mit Dünger füttern (Medikamente) oder seine Äste absägen (Operation). Das macht ihn nicht gesünder.

Teil 2

Machen Sie eine Liste mit zehn Punkten, in der Sie notieren, wie viel Energie Sie zu geben bereit sind. Sie selbst sind die Nummer 1 auf der Liste und haben, wenn Sie gesund sind, im Idealfall hundert Prozent Energie.

Listen Sie nun auf, wie viel Energie Sie für andere Menschen und Aufgaben übrig haben. Das bedeutet: Sie nehmen sich Zeit für sich selbst und stellen zuerst sicher, dass es Ihnen gut geht, dass Sie genug geschlafen und gegessen haben und dass Sie Ihre eigenen Batterien (Energiespeicher) aufladen können. Dies kann auf unterschiedliche Art und Weise geschehen, beispielsweise in der Meditation oder bei einem Spaziergang, durch Yogaübungen, Ausruhen oder indem Sie Ihrer Lieblingsbeschäftigung nachgehen.

Störungen und Verunreinigungen im Energiefeld

Wie Sie bei Ihrer Selbstanalyse vielleicht festgestellt haben, fließt ein Großteil Ihrer Energie woanders hin, steht Ihnen also nicht zur Selbstheilung oder Regeneration zur Verfügung. Analog gilt: Wenn Sie immer nur Geld (Energie) für andere ausgeben, haben Sie selbst keines mehr. Hier besteht dann ebenfalls Handlungsbedarf.

Nun gibt es Menschen, die allein leben und sich nicht um Partner, Kinder, Beruf etc. kümmern müssen. Trotzdem haben sie wenig Energie. Woran liegt das? Die Energie kann unbewusst mit Ihren Gedanken und vor allem mit Ihren Emotionen abfließen, beispielsweise in die »Vergangenheit« oder in die »Zukunft«. Gibt es etwas oder jemanden, dem Sie noch hinterhertrauern? Gibt es etwas, das Sie bereuen in Ihrem Leben? Gibt es etwas oder jemanden, das oder dem Sie nicht verzeihen können?

Ein harmonisches, gesundheitsförderndes Energiefeld ist lichtvoll und strahlend. Doch genau wie ein weißes Hemd auch mal schmutzig werden kann, können sich in unserem Energiefeld niedrig schwingende Energien breitmachen. Ich bezeichne diese Energien als Fremdenergien, die unser Schwingungsfeld negativ beeinflussen können. Bevor wir CRC anwenden, stellen wir also immer erst einmal sicher, dass keine Störenergien vorliegen.

Schauen Sie sich Ihre Energiebilanz an. Wenn Sie feststellen, dass Sie sich am häufigsten in Situationen der Kategorie 2 aufhalten, sind Sie anfällig für Fremdenergien. Die unsichtbaren Welten und geistigen Wesenheiten haben jeweils ihre eigene Schwingungsfrequenz. Lichtvolle, liebevolle Wesen haben eine hohe Schwingungsfrequenz, während die »anderen«, beispielsweise Energievampire, eine niedrigere Schwingungsfrequenz haben. Mit welchen Wesen möchten Sie in Resonanz gehen, welche möchten Sie anziehen?

Bei Drogen- und Alkoholmissbrauch erhöht sich die Gefahr, dass man Energievampire und andere Eindringlinge anzieht, die einen negativen Einfluss auf das Energiefeld, die Emotionen und die Gesundheit haben. Eindringlinge können auch erdgebundene Seelen sein, deren Energiefelder die Informationen Angst, Frustration, Wut, Trauer oder Bitterkeit tragen. Wenn Sie plötzlich ohne ersichtlichen Grund in eine bestimmte Emotion verfallen, können Sie davon ausgehen, dass eine Seele oder ein anderes Energiefeld Ihre Wahrnehmung so beeinflusst, dass Sie glauben, es sei Ihre eigene Emotion. Viele Menschen bekommen dann Tabletten verabreicht, die ihre Wahrnehmungsfähigkeit so gut wie abschalten, doch damit ist das Problem nicht gelöst. Bei ungewöhnlichen Motorengeräuschen im Auto dreht man ja auch nicht das Radio lauter, um sie zu übertönen.

Traurigerweise sind viele psychiatrische Kliniken voll von Kindern, Jugendlichen und Erwachsenen, die einfach wahrnehmen, was sich in ihrem gestörten Energiefeld befindet. Sie hören fremde Stimmen und haben »Wahnvorstellungen«, die jedoch genau dem entsprechen, was da ist, nur eben nicht für alle wahrnehmbar. Eine Störung des energetischen Gleichgewichts kann schwere psychische oder körperliche Symptome auslösen. Auch suizidales oder extrem auffälliges Verhalten steht oft genau damit in Zusammenhang. Doch wie soll man das wissen, wenn man sich in der Energiewelt nicht auskennt?

Es gibt zahlreiche Formen von energetischen Verunreinigungen, Anhaftungen, Besetzungen und negativen Einflüssen. Mit meiner CD *Quantum-Engel-Heilung* können Sie Ihr Energiefeld selbst regelmäßig reinigen und die Hilfe der lichtvollen geistigen Welt dabei in Anspruch nehmen. Bei extrem schweren Fällen wenden Sie sich bitte an jemanden, der gut ausgebildet ist und viel Erfahrung auf diesem Gebiet hat.

 Energie geht nie verloren, sie kann aber transformiert werden.

Sollten Sie jetzt spontan das Bedürfnis haben, sich von möglichen Störenergien reinigen zu wollen, lade ich Sie zur nächsten Entdeckungsreise ein. Nehmen Sie einen Stift zur Hand und notieren Sie auf einem Blatt Papier, wie Sie sich vorher fühlen, und im Anschluss an Ihre Reise schreiben Sie auf, wie Sie sich danach fühlen. Sie machen ihre eigenen Entdeckungen in der Welt der Energie!

Entdeckungsreise 5: Das goldene Handtuch
Auf diese Entdeckungsreise nehmen wir einen hilfreichen visualisierten Gegenstand mit: ein goldenes Handtuch.

Nimm einen tiefen Atemzug und ruh dich aus. Mach dir bewusst, dass du nicht allein bist. Um dich herum stehen mehrere Lichtwesen, die sich dein Energiefeld anschauen. Sie können wahrnehmen, wo dichte, schwere Fremdenergien dein eigenes Feld belasten. Diese fremden Energien senden Informationen in dein Bewusstsein und deinen Körper, die stören und krank machen können. Bei den lichtvollen Helfern bist du in guten Händen. Sie sind darauf spezialisiert, dein Energiefeld gründlich zu reinigen.

Stell dir nun vor, du legst dich hin und schließt die Augen. Vielleicht kannst du sehen, dass in deinem Energiefeld verschiedene Codes gespeichert sind, die für Störungen sorgen und wie Tippfehler in einem Text dessen Sinn komplett verfälschen. Bitte jetzt die lichtvollen Energiemediziner an deiner Seite, den Text in deinem Energiefeld Korrektur zu lesen und sämtliche Informationen zu löschen, die nicht in Harmonie mit deiner Ursprungsenergie sind. Der Leiter deines Reinigungsteams nimmt ein goldenes Handtuch. Er und seine Helfer polieren dein Energiefeld, bis deine lichtvolle Seelenenergie in deinen ganzen Organismus strahlen kann. Atme weiter tief ein und aus. Vielleicht musst du auch gähnen. Lass dir Zeit dabei.

Es findet eine Transformation statt. Dein Energiefeld ist freier, leichter, lichtvoller und alle Störungen sind behoben. Die Energie fließt klar und rein und stimmt dich fröhlich und freudig. Die ganze Kraft deines eigenen Lichtes fließt in alle deine Zellen und schwingt dich auf eine hohe Energiefrequenz ein. Deine lichtvollen Helfer verabschieden sich von dir. Sie nehmen das goldene Handtuch mit und geben es zur Transformation in die Energiewäsche.

Du ruhst dich noch ein wenig aus und öffnest dann ganz langsam wieder die Augen. Jetzt merkst du, dass auch der Raum, in dem du dich befindest, energetisch gereinigt wurde. Dein Energiefeld ist klar, rein und frisch.

Schreiben Sie auf, wie Sie sich jetzt fühlen, und speichern Sie dieses Gefühl als Erinnerung in Ihrem Herzen wie ein schönes Lied, an das Sie sich immer gern erinnern.

Energetische Mauern

Kann es immer wieder passieren, dass das Energiefeld verunreinigt wird und damit die eigene Schwingungsfrequenz sinkt? Ja, das kann passieren, und es wird so lange immer wieder passieren, bis man nur noch im Bewusstsein der Einheit und Liebe schwingt. Das ist der einzige garantierte Schutz, den ich kenne. Solange er nicht gegeben ist, sollte man nicht nur den physischen Körper regelmäßig duschen, sondern auch die Fehlinformationen und »Viren«, sprich die Glaubenssätze, im eigenen Bewusstsein transformieren. Dafür eignen sich die Ihnen angenehmen Formen der Schwingungserhöhung, beispielsweise Musik, Sport, Lachen, QEH und Cosmic Recoding.

Die Menschen in der sogenannten zivilisierten Welt sind jeden Tag einer sich wandelnden Matrix der Informationen und Energiewellen ausgesetzt, die ihr Wohlbefinden beeinflussen. Doch Sie können selbst darauf einwirken, welchen Einflüssen Sie sich aussetzen und mit welchen Schwingungen Sie in Resonanz gehen. Wenn Sie Cosmic Recoding erlernt haben, können Sie sich durch die Aktivierung bestimmter Lichtcodes auf eine andere Schwingungsebene begeben. Wie gesagt, wenn Sie ausschließlich erfahren, dass Sie das reine Bewusstsein der Liebe sind, brauchen Sie auch keinen energetischen Schutz.

In meiner Praxis bin ich vielen sensiblen Menschen begegnet, die aus Angst verletzt zu werden, Mauern um sich herum aufgebaut haben. In vielen spirituellen Kreisen wird nach wie vor verbreitet, man müsse, um sich zu schützen, bestimmte Sprays oder Talismane kaufen oder besondere Techniken anwenden, zum Beispiel eine goldene Rüstung anlegen, einen Schutzmantel tragen oder Ähnliches. Manche Menschen trauen sich gar nicht aus dem Haus zu gehen, bevor sie ihre Lieblingsschutzmaßnahme angewendet haben. Das gute Geschäft mit der Angst und dem vermeintlichen Schutz basiert jedoch auf dem Opferprogramm, das besonders bei Frauen häufig zu finden ist, weswegen es auch das »Brave-Mädchen-Programm« genannt wird.

Als Kinder haben diese Frauen meist von der Mutter gelernt, ihre eigenen Bedürfnisse zurückzustellen oder ganz zu unterdrücken. Als Erwachsene opfern sie sich auf – für die Kinder, für den Mann, für den Beruf. Sie sind erschöpft und frustriert, geben alles und bekommen nichts zurück. Dennoch wollen sie immer noch mehr geben, weil sie hoffen, dass die Liebe, die sie geben und nach der sie suchen, irgendwann zu ihnen zurückfließt. Bei der Bestandsaufnahme des Energiefeldes ist es von großer Bedeutung, auf diese unterbewusst ablaufenden Programme zu achten, sofern man darin geschult ist (vgl. mein Buch *Quantum-Engel-Heilung*, S. 173). Man kann dieses unterbewusste Programm mit seinen entsprechenden Codierungen bereits an der Körperhaltung erkennen, aber auch an anderen physischen Symptomen. Menschen, die eine energetische Mauer um sich herum aufgebaut oder eine entsprechende Rüstung angelegt haben, leiden häufig unter Migräne, Rücken- und Schulterproblemen und gehen meist nach vorn gebeugt. Ein typisches Krankheitsbild ist Skoliose. Diese Menschen tragen die energetische Last ihrer Familie, ihrer Ahnen und manchmal sogar der ganzen Welt. Weil sie anderen Menschen helfen wollen, sind sie oft in Heilberufen zu finden oder helfen ehrenamtlich. Kommt Ihnen das bekannt vor?

Leider verhindert eine vermeintlich schützende Mauer, die man um sich herum aufgebaut hat, in der Regel die Herzöffnung. Wenn dies auch auf Sie zutrifft, werden Sie weiter in der emotionalen Vergangenheit leben und die Zukunft, die Sie sich wünschen, nicht kreieren können, denn die Energie der Liebe, die schöpferische Energie kann in Ihrem Feld einfach nicht frei und kraftvoll strömen. Aufgrund der Opfer-Codierungen senden Sie weiterhin Angstsignale aus. Es ist zwar verständlich, dass Menschen Angst haben und sich hinter selbst gebauten energetischen Mauern verstecken, doch das hat auch unschöne und einschränkende Folgen. Das Gesetz der Resonanz erhöht die Wahrscheinlichkeit leider noch, dass Sie genau das erleben, was Sie sich auf keinen Fall wünschen.

Die Geschichte von Larissa

Meine Klientin Larissa hat in ihrer Kindheit traurige Erfahrungen gemacht. Sie war zunächst ein liebevolles, fröhliches und anhängliches Mädchen, das gern kuschelte. Doch eines Tages musste sie die furchtbare Erfahrung machen, dass der Nachbar, mit dessen Hund sie so gern spielte, zudringlich wurde und sie missbrauchte. Von diesem Schock hatte sie sich auch nach Jahren noch nicht erholt. Sie hatte das Erlebte einfach verdrängt. Als Jugendliche war Larissa still und apathisch. Sie baute eine dicke Mauer um sich herum und hatte Angst, sich in jeglicher Form berühren zu lassen. Auch emotionale Nähe konnte sie nicht zulassen. Mit 32 Jahren hatte sie immer noch keinen Freund und fühlte sich unendlich einsam hinter ihrer dicken energetischen Mauer.

Wir machten zunächst eine Bestandsaufnahme ihres Energiefeldes. Ihr Energiekörper sah aus, als trüge sie eine starre, schwere Ritterrüstung. Es war ihr unmöglich, Nähe zuzulassen, geschweige denn Intimität zu erleben. Außer zu Tieren hatte sie zu niemandem mehr Vertrauen. Es war schon ein Wunder, dass sie Vertrauen zu mir hatte, aber sie hatte meine Bücher gelesen und wusste, dass Lichtwesen die energetischen Heilungen leiten. Ich bin als Medium nur der Übersetzer der geistigen Wesen mit einer entsprechend hohen energetischen Schwingung. Vor Engeln fürchtete sich Larissa nicht. Als Kind hatte sie oft mit ihren unsichtbaren Freunden gesprochen. Während der QEH-Behandlung erlaubte sie den Engeln, ihr beim Ablegen ihrer energetischen Rüstung zu helfen. Die darunter liegenden Energien der Angst und des Schmerzes wurden transformiert und ihre Wunden konnten heilen. Langsam lernte Larissa, wieder am Leben teilzunehmen und sich vom Leben berühren zu lassen – frei von Angst. Bei einem weiteren Termin machten wir ein Cosmic Recoding. Einige destruktive Schwingungsfrequenzen, die wir Gedanken und Emotionen nennen, konnten durch unterstützende kosmische Codes in positive Schwingungen verwandelt werden. Danach war es ihr möglich, ihr Herz zu öffnen, ihre Herzenswünsche auszusenden und in Resonanz mit der entsprechenden liebevollen Frequenz zu gehen.

Etwa zwei Jahre später traf ich sie im Park wieder. Sie ging mit ihrem Mann und ihrem Baby spazieren, das mich freundlich aus dem Kinderwagen anstrahlte. Es ist wundervoll zu sehen, wie meine Klienten den Weg zurück zur Energie der Liebe finden und dadurch wieder gesund und glücklich werden.

Reinigung des Energiefeldes durch den Atem

Eine ganz einfache Methode, das Energiefeld zu reinigen und die eigene Schwingung zu erhöhen, ist bewusstes, vertieftes Atmen. Kinder machen dies beim ausgelassenen Spiel ganz von selbst. Sie rennen herum und toben, bis sie fast außer Atem sind. Auch beim Tanzen und beim Sport wird durch intensives Atmen eine befreiende und reinigende Wirkung erzielt. Bewegen Sie sich am besten in der freien Natur, wenn Sie das Gefühl haben, dass Sie sich in Ihrem eigenen Energiefeld unwohl fühlen. Auch unbewusste und ungeübte Menschen können so schnell eine positive Wirkung erzielen.

Der Atem ist Träger der Lebensenergie. Regelmäßig angewandte und gezielte Atemübungen können den Prozess der Bewusstseinserweiterung und Schwingungserhöhung ebenso unterstützen wie regelmäßige Lichtmeditationen. In Indien wird seit Jahrtausenden Pranayama praktiziert, eine besondere Atemtechnik, die schon in den Upanishaden erwähnt wird. Es geht darum, zunächst den eigenen Atem bewusst wahrzunehmen und sich dafür zu sensibilisieren, wie man atmet. Es gibt einen direkten Zusammenhang zwischen den Atemmustern und dem physischen und psychischen Wohlbefinden. Ein ängstlicher Mensch tendiert dazu, flach und schnell zu atmen. Bei plötzlichem Erschrecken ist

Luftanhalten seine erste, unbewusste Reaktion. Durch gezieltes Atmen können die gewohnten Muster des Organismus und des Bewusstseins sanft verändert werden und das ist auch bei der Einstimmung auf das Cosmic Recoding hilfreich.

 Der Atem und das Bewusstsein bilden die Brücke zum Kosmos.

Entdeckungsreise 6: Die Brücke zum Kosmos
Auf diese Entdeckungsreise nehmen wir hilfreiche visualisierte Gegenstände mit: die linke und die rechte Hand.

Nimm einen tiefen Atemzug, vielleicht kannst du sogar mehrmals intensiv gähnen. Es ist deine Absicht, dir deines Atems bewusst zu werden und dein Energiefeld zu reinigen. Entspanne dich und lenke dein Bewusstsein auf deinen Puls. Lege deinen linken Arm ausgestreckt hin. Am linken Handgelenk kannst du nun mit drei Fingerspitzen der rechten Hand deinen eigenen Puls fühlen. Lass dir Zeit, bis du den Rhythmus deines Herzschlags wahrnehmen kannst. Du kannst die Seiten auch wechseln, den Puls also mit den Fingern der linken Hand am rechten Handgelenk fühlen. Schließe die Augen und spüre deinen Atem ein bis zwei Minuten in der Stille. Atme nun intensiv durch die Nase ein und hörbar durch den Mund wieder aus. Atme so lange tief ein und aus, bis sich dein Pulsschlag deutlich verlangsamt hat. Behalte den langsamen, tiefen Atemrhythmus bei. Lass dann dein linkes Handgelenk los und öffne die linke Hand, als könne dir jemand etwas hineinlegen. Die andere Hand zeigt geöffnet nach unten, als wolltest du die Erde berühren.

Atme nun weiter tief ein und aus und visualisiere dabei, wie goldene Lebensenergie in deine nach oben geöffnete Hand strömt. Mit dem Atem fließt diese lichtvolle Energie über deine Hand in den Arm und verteilt sich nach und nach in deinem ganzen Körper. Beim Ausatmen konzentrierst du dich auf deine nach unten gerichtete Hand und spürst, wie Ströme niedrig schwingender Energie dein Energiefeld verlassen. Du empfängst Energie, lässt sie mit dem Atem bewusst durch dein Feld fließen und schickst dichte und dunkle Energie wieder hinaus.

Mach dir nun bewusst, dass du die Brücke zum Kosmos bist und dass lichtvolle Lebensenergie durch dich hindurchfließt. Spüre die lichtvollen Energiewellen und -ströme. Es fühlt sich sehr angenehm an. Entdecke nach einer Weile, dass die Energie, die durch deine linke Hand einströmt, genauso lichtvoll aus deiner rechten Hand wieder ausströmt. Ist das nicht eine wundervolle Entdeckung?

Sie können diese Entdeckungsreise machen, so lange Sie möchten, und den entspannten Bewusstseinszustand entsprechend genießen. Die energetische Reinigung ist dann abgeschlossen, wenn Ihr Energiefeld klar ist und die einströmende Energie als genauso lichtvoll, liebevoll und angenehm wahrgenommen wird wie die hinausströmende.

Ich empfehle, diese Übung jeden Tag zu machen, als gesundheitsfördernde Maßnahme, als Sensibilisierung zur Kontaktaufnahme mit der geistigen Welt und auch als Vorbereitung für das Cosmic Recoding. Es ist auch möglich und sogar empfehlenswert, diese Bewusstseins- und Atemübung unterwegs, in der Öffentlichkeit, am Arbeitsplatz und überall zu machen. Sie funktioniert sogar mit den Händen in der Hosentasche.

Praktizierende können während dieser Übung auch die Position ihrer Fingerspitzen verändern und sogenannte Mudras (Handpositionen) ausüben. Diese vereinfachte Übung aus dem Kundalini-Yoga ist keine Voraussetzung für das Cosmic Recoding, aber wenn Sie mit den Mudras spielen möchten, probieren Sie es einfach aus. Wichtig ist dabei, dass sich die Finger leicht, fast wie von selbst durch die Energie bewegen. Steuern Sie die Abläufe auf keinen Fall mit dem Willen, also mit dem Kopf, und versuchen Sie nicht, alles perfekt machen zu wollen. Das würde den Energiefluss nämlich eher blockieren als fördern.

Fingerspitzengefühl – die vier Mudras

1. Die Hand ist leicht nach oben geöffnet und der Daumen berührt die Spitze des Zeigefingers. Dabei bleibt das Bewusstsein beim Empfangen und Einströmen der Energie. Mehr Energie wird dadurch in die Beine und den Unterkörper bewegt. Der Atem fließt ruhig und tief.

2. Die Hand ist leicht nach oben geöffnet und der Daumen berührt die Spitze des Mittelfingers. Dabei bleibt das Bewusstsein geduldig beim Empfangen und Einströmen der Energie.

3. Die Hand ist leicht nach oben geöffnet und der Daumen berührt die Spitze des Ringfingers. Dabei bleibt das Bewusstsein beim Empfangen und Einströmen der Energie. Mehr Energie fließt ins Herz und stärkt Stabilität und Selbstvertrauen.

4. Die Hand ist leicht nach oben geöffnet und der Daumen berührt die Spitze des kleinen Fingers. Dabei bleibt das Bewusstsein beim Empfangen und Einströmen der Energie.

Wählen Sie, was sich für Sie bequem und gut anfühlt. Es können auch zwei Finger gleichzeitig den Daumen berühren. Alles ist in

Ordnung. Alles ist richtig. Die andere Hand zeigt geöffnet nach unten. Bitte nicht vergessen: Es geht darum, das Bewusstsein so zu entwickeln, dass es zur Brücke zum Kosmos wird, und nicht darum, wie ein Ingenieur zu schauen, wie viele Brückenpfeiler man dafür braucht und ob die Statik stimmt. Um es noch einmal ganz klar zu sagen: Es gibt kein Richtig oder Falsch. Keine der zahlreichen Mudras wirkt besser als andere. Mudras sind wie der »Wasserhahn« des Bewusstseins und somit des Energiestroms, der für den Anwender durch die Handpositionen aufgedreht wird. Entscheidend ist nur das Bewusstsein. Alles andere sind Hilfestellungen, um zu akzeptieren, wer wir wirklich sind.

Mir wurde die »Brücke zum Kosmos« auf meiner eigenen Entdeckungsreise zum Cosmic Recoding in einer Meditation gezeigt. Es ging ganz leicht und war wirksam für die energetische Reinigung und Kontaktaufnahme mit den kosmischen Codes, die aus der göttlichen Quelle der Liebe kommen.

Später habe ich nachgeforscht und auf der Abbildung einer Buddhastatue entdeckt, dass die Handposition, die mir gezeigt worden war, Ähnlichkeit mit der sogenannten *Bhumisparsha Mudra* hat. Das Wort hatte ich vorher noch nie gehört, aber die Erklärung im Bildtext fand ich stimmig und interessant. Buddha sitzt mit gekreuzten Beinen in Meditationshaltung. Seine linke Hand ist geöffnet und zeigt nach oben, während die rechte Hand nach unten gerichtet ist und die Lotusblüte berührt, auf der er sitzt. Dargestellt ist der Moment der Erleuchtung Buddhas und die Erde ist der Beobachter und Zeuge des Geschehens. Das hat mich gleich an den Beobachtereffekt aus der Quantenphysik erinnert. Warum »brauchte« Buddha die Erde als Beobachter? Weil die lichtvollen Energien erst dann Form annehmen und der Zustand des erleuchteten Seins sich manifestieren konnte. So funktioniert die Schöpfung nun mal!

Interessanterweise wurde Buddha kurz vor seiner Erleuchtung von dem Dämonenkönig Mara und anderen Dämonen und

Monstern angegriffen. Sie wollten ihm Angst machen und ihn von seiner Meditation unter dem Bodhi-Baum ablenken. Wer Angst hat, bekommt keinen Zugang zum Kosmos und kann nicht erleuchtet werden. Die Brücke zum Kosmos ist die Energie der Liebe. In dem Film *Little Buddha* wird die Szene wunderbar dargestellt: Buddhas Angreifer beschießen ihn mit spitzen Pfeilen, doch er bleibt ganz ruhig unter dem Baum sitzen und verwandelt die Pfeile der Angreifer mit seinem liebevollen Bewusstsein in weiße Blüten, die auf ihn herabregnen. Eine wundervolle Transformation von Energie. Buddha hat die kosmischen Codes verändert, die Code-Information »Pfeil« wurde in die Code-Information »weiße Blüte« verwandelt. Das dürfen Sie sich beim Praktizieren von Cosmic Recoding gern als Beispiel nehmen.

Wenn Sie sich öfter angegriffen fühlen, Stress haben und glauben, man wolle Ihnen in irgendeiner Form schaden, lösen Sie sich aus diesem giftigen Spinnennetz der Illusionen und machen Sie ganz in Ruhe noch einmal die Entdeckungsreisen *Du bist der Kosmos, Das goldene Handtuch* und *Die Brücke zum Kosmos.*

Die energetische Bedeutung der Zirbeldrüse

Menschen, die gestresst sind, die noch nie meditiert haben oder die sich zum ersten Mal mit dem Thema Energiemedizin beschäftigen, sind möglicherweise zunächst blockiert. Ich habe nicht behauptet, dass alle Entdeckungsreisen in die Welt der Energie einfach und bequem sind, besonders dann nicht, wenn der Reisende Angst vor dem Ungewissen hat und wenn ihm das Loslassen alter Gewohnheiten, Denkmuster, Emotionen, Glaubenssätze und Weltanschauungen schwer fällt. Viele Faktoren können die Reise in den Kosmos beeinträchtigen. Möglich ist sie aber für jeden, besonders wenn wir akzeptieren, dass der Kosmos in uns selbst ist.

Abgesehen davon möchte ich Ihnen nicht vorenthalten, dass wir alle gut für die Reise in den Kosmos gerüstet sind, also für das bewusste Empfangen der kosmischen Codes. Jeder Mensch hat, ähnlich wie ein altes Radio, einen Kristall-Detektor als Empfänger. Es ist eine kleine Drüse im Gehirn, die Zirbeldrüse (Epiphyse), die auch als drittes Auge bekannt ist. Das sogenannte dritte Auge spielt in vielen traditionellen Kulturen weltweit eine große Rolle.

Die Bewusstseinserweiterung und somit die erweiterte Wahrnehmung von Energien wird über die Zirbeldrüse gesteuert. Über die sensiblen, kristallinen Empfängerzellen in der Zirbeldrüse werden die Schwingungen des Kosmos wahrgenommen. Dort werden die kosmischen Codes empfangen und übersetzt. Die Übersetzung wird in Form von Visionen, geistigen Bildern, Symbolen, Klängen, Musik etc. wahrgenommen und Emotionen der Freude, der Ausgeglichenheit, der Zufriedenheit und Harmonie werden geweckt. Serotonin, das sogenannte Glückshormon, wird freigesetzt. Aus Serotonin produzieren die Pinealozyten in der Zirbeldrüse das Hormon Melatonin, wobei die Melatoninproduktion über den Lichteinfall auf die Netzhaut des Auges gesteuert wird. Melatonin ist das Hormon, das den Schlaf-Wach-Rhythmus steuert, das Einschlafen fördert und das Schlafverhalten reguliert. Es hat auch ein stark antioxidatives Potenzial und hilft somit, Zellschäden wirksam zu reduzieren. Das von der Zirbeldrüse produzierte Melatonin ist im Hinblick auf gute Gesundheit und die Vermeidung frühzeitigen Alterns von großer Bedeutung. Bei einem Menschen mit großem Energiemangel sinkt der Melatoninspiegel, was wiederum die Anfälligkeit für Krankheiten wie Alzheimer erhöht, die bei Verkalkung der Zirbeldrüse auftreten.

Mich fasziniert, dass die Zirbeldrüse auch einen Stoff namens Dimethyltryptamin (DMT) produzieren kann. DMT macht es unserem Gehirn möglich, die kosmischen Codes in visuelle Erlebnisse zu übersetzen. DMT wird auch als körpereigenes Halluzinogen bezeichnet, doch ich verstehe das nicht so, dass man dadurch etwas wahrnimmt, was nicht da ist, im Gegenteil: Man kann mithilfe von DMT die Feinheiten der Matrix erkennen, aus ihr hinaustreten, auf innere Reisen gehen und neuartige Gedankenstrukturen und Emotionen kreieren. Dr. Rick Strassman, Autor des Buches *DMT – Das Molekül des Bewusstseins*, hat dazu geforscht und ist zu dem Ergebnis gekommen, dass die Zirbeldrüse in der Meditation und bei spirituellen Erfahrungen, etwa während der Kommunikation mit der geistigen Welt, DMT ausschüttet. Das geschieht auch in der 49. Schwangerschaftswoche beim Kind sowie bei der Geburt und wenn der Mensch stirbt. Auch beim Praktizieren von QEH und CRC wird auf ganz natürliche Weise DMT produziert.

Wenn die Zirbeldrüse aktiviert ist, etwa während des Cosmic Recoding, strömt ganz viel messbare Energie durch das Zentrum des Gehirns – theoretisch genug um ein Handy aufzuladen. Wenn das Energieniveau eines Menschen niedrig ist, wird auch die Zirbeldrüse nicht ausreichend aktiviert und die Wahrnehmung der feinstofflichen Schwingungen, die in anderen Frequenzbereichen liegen, fällt schwer.

Die Zirbeldrüse, die wie ein kleiner Pinienzapfen aussieht, hat sich im Laufe der Evolution immer mehr zurückgebildet. Sie ist geschrumpft. Abbildungen von Pinienzapfen findet man allerdings häufig als Artefakt. Die riesengroße, fast vier Meter hohe Bronzeskulptur eines altrömischen Pinienzapfens stand früher auf dem Vorhof des Pantheons und steht heute auf dem *Cortile della Pigna* (Pinienhof) im Vatikan. Zum *Cortile della Pigna* gelangt man, indem man den *Atrio delle Corazze*, den Hof der Rüstungen, links liegen lässt. – Sag ich doch, bitte keine energetischen Rüstungen oder Mauern mehr, wenn Sie mit Ihrem Bewusstsein weiterkommen möchten!

Links und rechts neben dem riesigen Pinienzapfen stehen zwei Pfauen aus Bronze und genau dahinter befindet sich eine Gebäudewand mit einer Ausbuchtung, die aussieht wie ein großes Tor. Die Botschaft ist: Durch diese Wand beziehungsweise dieses Tor kann man nur mithilfe des Pinienzapfens gehen. Auch auf dem Vorplatz des Pantheons stand vor zweitausend Jahren ein großes Tor, das keine offensichtlich praktische Funktion hatte. Damals war das Pantheon der Tempel aller Götter. Das Innere des Gebäudes gleicht einer Kugel oder, besser gesagt, einer Sphäre, in der sich Himmel und Erde vereinen. Es ist ein Hologramm mit einer Öffnung nach oben. Wenn es regnet, regnet es in das Gebäude hinein. Doch die Öffnung ist wichtiger als der Schutz vor eindringendem Regen, denn sie zeigt die Möglichkeit, aus dem Hologramm, also aus der Matrix, herauszukommen. Dem Pinienzapfen im Hof des Vatikans gegenüber steht »zufällig« ein Kunstwerk von Arnaldo Pomodoro namens *Sfera con sfera*, »Sphäre mit (oder in) Sphäre«. Da stellt sich die Frage, in welcher Sphäre wir uns eigentlich befinden.

Ich sehe das Tor auf dem Pinienhof im Vatikan und das vor dem antiken Pantheon als gleichbedeutend mit dem Tor zum Kosmos. Der Pinienzapfen ist auf der ganzen Welt das Symbol der Eingeweihten in das geheime Wissen um die Funktion dieser kleinen Drüse, des dritten Auges.

Auch René Descartes (1596–1650), der Begründer des Rationalismus, interessierte sich für die Zirbeldrüse. Er hielt sie für den Sitz der Seele. Damit war er auf der richtigen Spur, denn über die Zirbeldrüse ist der Kontakt zur Seele und zu den kosmischen Codes, also zum Gottesbewusstsein, möglich.

 Die Aktivierung der Zirbeldrüse ist die Voraussetzung dafür, dass man durch das Tor des Kosmos gehen und das Göttliche erfahren kann.

Die moderne Lebensweise in der zivilisierten Welt, wo wir uns durch künstliche Lichtquellen wach halten, oft die Nacht zum Tag machen, unzureichende Nachtruhe und wenig Sonnenlicht haben, beeinträchtigt die Funktion der Zirbeldrüse erheblich. Besonders schädlich für die Zirbeldrüse sind die Toxine, denen wir ständig ausgesetzt sind, vor allem das Fluorid, das in fast allen Zahncremes und vielen Nahrungsmitteln enthalten ist. Koffein, Tabak, Alkohol und raffinierter Zucker können Verkalkungen der Zirbeldrüse auslösen. Die Frequenzen von Mobiltelefonen und Stromleitungen haben ebenfalls eine zerstörerische Wirkung auf die wichtige Funktion der Zirbeldrüse.

Die Überprüfung der Zirbeldrüsenfunktion gehört zur Bestandsaufnahme unseres Energiefeldes. Wir haben im Rahmen

unserer Seminarreihe »Energiemedizin« kürzlich ein Seminar ver-
anstaltet, in dem die Zirbeldrüse eine zentrale Rolle spielte. Wir
haben natürlich auch energetisch gearbeitet, inklusive Schwingungserhöhung und Aktivierung der kristallinen Nervenzellen in
der Zirbeldrüse. Eine Teilnehmerin berichtete, es habe in ihrem
Kopf laut geknackt, als sich die Verkalkungen in der Zirbeldrüse
lösten. Eine andere Teilnehmerin berichtete, dass die extremen
Kopfschmerzen, unter denen sie jahrelang gelitten hatte, seit dem
Seminar nicht mehr da waren. Die zahlreichen Berichte über eine
Steigerung der Hellsichtigkeit haben uns ebenso gefreut wie die
über wunderbare Manifestierungen von Herzenswünschen.

Teil 3

Lebensverbesserung – Kraft welcher Gedanken?

Eines der großen Themen der letzten Jahre ist, dass wir unser Leben verbessern können, wenn wir einfach nur unsere Gedanken ändern. Haben Sie das auch schon probiert? Und, hat es geklappt?

Wenn es so einfach wäre, anders zu denken, hätten alle Leser des Buches *The Secret* mittlerweile einen roten Ferrari, müssten nicht mehr arbeiten und könnten sich an Deck ihres Schiffes an der Côte d'Azur sonnen. »Einfach nur positiv denken!« lautet die Devise vieler charismatischer Motivationskünstler, die massenhaft Menschen begeistern, die ihnen für diese Botschaft oft viel Geld bezahlen und hoffnungsvoll versuchen, in ihre Fußstapfen zu treten.

Dabei wird übersehen, dass die meisten Menschen gar keine Chance haben, ihr Leben zu verändern, weil sie nur das machen können, was ihnen ihr eigenes, zumeist angstgesteuertes Programm im Unterbewusstsein erlaubt. Sie können sich ja auch nur die Filme im Fernsehen anschauen, die an diesem Tag ausgestrahlt werden, weil Sie die Programme nicht selbst verändern können. Es gibt zwar inzwischen schon andere Fernsehtechnologien, aber darum geht es hier gar nicht.

Es geht darum, aufzuwachen und zu erkennen, dass es möglich ist, das eigene Leben wirklich zu verbessern – und *wie* das möglich ist. Die erste Erkenntnis ist, dass wir gar nicht unsere eigenen

Gedanken denken beziehungsweise nicht wirklich eine eigene Meinung haben. Wir haben immer die Meinung und die entsprechenden Gedankenmuster, die unser soziales Umfeld vertritt, beispielsweise die Eltern, die Medien, die Freunde, der Fußballverein, die Yoga-Gruppe etc. Es liegt in der Natur des Menschen, sich anzupassen, damit er akzeptiert und geliebt wird. Oft verpassen wir die Chance, etwas Neues zu erfahren, weil es zunächst sicherer scheint, es abzulehnen. Die Wahrheit ist, dass unser Energiefeld – also auch die DNS in unseren Zellen – mit Informationen programmiert ist, die uns bestimmte Gedanken denken lassen und ein bestimmtes Verhalten bewirken, woraus Gewohnheiten und somit Lebensumstände entstehen. Der einzige wirksame Weg, den ich kenne, besteht darin, die Ursprungsinformationen, die Lichtcodes, bewusst zu verändern, sonst wird das mit dem Plan *Mal eben einfach neue Gedanken denken, schön und reich sein* leider nichts.

Natürlich erinnere ich an dieser Stelle gern noch einmal daran, dass wir in erster Linie Bewusstsein sind, das mit einer grenzenlosen Informationsmatrix interagiert. Es ist wirklich ein Spiel ohne Grenzen, wenn man verstanden hat, wie es geht. Es ist daher auch möglich, wahre Freiheit zu erleben und ohne Einschränkungen zu manifestieren, was man sich wünscht. Doch solange man sich etwas wünscht und gleichzeitig Angst hat, dass es vielleicht nicht klappt, bekommt man es auch nicht – in erster Linie, weil man davon ausgeht, dass man es gegenwärtig nicht hat. Hinzu kommt, dass die Energie der Angst blockierend wirkt.

> ▸ Wir denken nicht unsere eigenen Gedanken.
> ▸ Positiv denken nützt wenig, wenn Ängste vorhanden sind.
> ▸ Glaubensmuster und Programme haben einen Code.
> ▸ Wünsche sind Blockaden.
> ▸ Wahre Freiheit ist möglich.

Wünsche sind Blockaden

Seit der Kindheit wurden wir darauf programmiert, dass wir uns zum Geburtstag und zu Weihnachten etwas wünschen dürfen. Doch wie sehr wir uns etwas auch gewünscht haben, wie viele Zettel wir auch auf die Fensterbank gelegt und wie schöne Briefe wir dem Weihnachtsmann auch geschrieben haben, wir bekamen trotzdem nur die Wünsche erfüllt, die sich unsere Eltern leisten konnten oder die sie befürwortet haben. Dieses Muster hat sich fortgesetzt. Die wenigsten Menschen sind wunschlos glücklich. Die Konsumgesellschaft tut zudem ihr Bestes, um neue Wünsche zu generieren und das Unterbewusstsein mit der passenden Werbung zu programmieren. Wundern Sie sich nicht manchmal, dass Sie plötzlich an der Kasse Dinge aufs Band legen, die gar nicht auf Ihrer Einkaufsliste standen?

 Haben Sie noch Wünsche oder wissen Sie ganz sicher, dass Sie jetzt schon alles haben?

Diese Frage ist vielleicht ungewöhnlich, doch wenn Sie mit Cosmic Recoding arbeiten, werden Sie bald merken, dass sie den entscheidenden Unterschied macht. Wünsche folgen dem Glaubensmuster, dass wir das, was wir uns wünschen, nicht haben und vielleicht sogar einem weiteren Glaubenssatz, nämlich, dass wir es nicht wert sind, dass wir nicht gut genug sind etc. Ich habe mich jahrelang mit den unterbewussten Programmen und Glaubensmustern meiner Klienten beschäftigt und bin immer noch erstaunt, welcher Unsinn sich im Unterbewusstsein – inklusive meinem eigenen – festgesetzt hat. Oft gleicht das Unterbewusstsein einem verstopften Abflussrohr, durch das keine positive Energie fließen kann.

Wovon spreche ich hier? Von einem der wichtigsten Geheimnisse des Universums und den damit verbundenen Tricks. Wenn Sie davon ausgehen, dass Sie etwas nicht haben, wird diese Tatsache in jedem Wunschritual nur noch verstärkt. Es ist das alte Bewusstsein: *Ich bin ein Mensch, ich bin Materie und ich wünsche mir etwas, das die anderen da draußen haben und ich nicht.*

Die wichtigsten Tricks

Wir dürfen mit unseren Ängsten nicht in der Vergangenheit stecken oder noch nicht eingetroffene, künftige Enttäuschungen schon vorab erleben. Was ich gerade beschrieben habe, können wir nämlich nur erfahren, wenn wir durch das Tor des Kosmos gehen. Wenn wir mit unserer Seele und dem, was wir manifestieren möchten, in Einklang sind. Hinzu kommt, dass wir nur in Einklang mit etwas sind, wenn die Lichtinformationen, die kosmischen Codes, damit übereinstimmen und wir auf der gleichen Frequenz schwingen. Wenn wir auf der gleichen Frequenz schwingen, dann bedeutet das, dass wir das Gewünschte mit allen Sinnen wahrnehmen können. Und dann ist unser Wunsch bereits erfüllt.

Wenn wir jedoch davon ausgehen, dass wir reines Bewusstsein und mit allem eins sind, und dann erfahren, dass unser Wunsch bereits Realität ist, die wir emotional erleben, dann ist das auch so. Es kann gar nicht anders sein.

Die Wunscherfüllung findet im Nullpunktfeld statt, auf der anderen Seite des kosmischen Tores, wo es weder Zeit noch Raum gibt. Ihr Bewusstsein kann sich mit etwas Übung leicht dort einfinden, und je öfter Sie die Wunscherfüllung erleben, sei es in Bezug auf Ihre eigene Heilung, eine erfüllte Partnerschaft, den Fluss der Finanzen, desto besser funktioniert sie. Die Energiewellen formen sich durch die entsprechenden Informationen, die kosmischen Codes, in die von uns als Materie wahrgenommene Form.

Aladin und die Wunderlampe

Fast jeder kennt die Geschichte von Aladin, dem Sohn eines armen Schneiders, der sich hoffnungslos in Prinzessin Jasmin verliebte und keine Chance gehabt hätte, sein Leben mit ihr zu verbringen, wenn nicht etwas passiert wäre, das sein ganzes Leben veränderte. Er fand eine Wunderlampe (*die Zirbeldrüse*), die durch Reibung (*Energie*) aktiviert werden konnte. Da erschien der Geist Cem (*Seele*)*,* der ihm seine Wünsche erfüllen konnte. Er flog mit seinem fliegenden Teppich (*Bewusstsein*), wohin er wollte. Um eine meiner Lieblingsgeschichten an dieser Stelle abzukürzen: Aladin lebte fortan glücklich mit seiner Prinzessin.

Ich lebe in meinem Paradies mit meinem Mann Michael, den ich liebevoll meinen eigenen »Winnetou« nenne. Wir sind uns begegnet, als ich in Arizona bei einem Hopi-Apachen und seiner Familie an einer Visionssuche teilgenommen habe. Schamanische Heilweisen kennenzulernen, war meine Absicht gewesen. Eine neue Liebe habe ich gefunden und daraufhin mein ganzes Leben verändert. Auch Sie können sich alle Herzenswünsche erfüllen und die Lebensform wählen, die Ihnen entspricht! Denn *Aladin und die Wunderlampe* ist, wenn man seine Symbolik versteht, nicht nur ein Märchen.

Eine andere Lieblingsgeschichte aus meiner Kindheit ist die der bezaubernden Jeannie, die den Staubsauger mit einem Augenzwinkern dazu bringen konnte, dass er den Teppich ganz allein gesaugt hat. Mit dem nächsten Augenzwinkern stand das Abendessen für ihren geliebten »Meister Major Nelson« auf dem Tisch. Dabei war Jeannie die wahre Meisterin – und Sie sind es auch!

Ich habe mich also schon in meiner Kindheit mit Quantenphysik, Quantenheilung, Lichtwesen, dem Manifestieren von Herzenswünschen und Cosmic Recoding beschäftigt, nur wusste ich damals noch nicht, dass es so heißt. In meinem Herzen habe ich aber gespürt und gewusst, dass alles möglich ist und wir keine Einschränkungen und Grenzen akzeptieren müssen.

Es geht bei den irdischen Erfahrungen auf diesem Planeten darum, sich an die eigene Kraft zu erinnern und sie nicht an andere »Meister« abzugeben. Danke, dass Sie mir hiermit die Möglichkeit gegeben haben, Sie daran zu erinnern. Ich bin nicht Ihr Meister oder Guru. Ich verstehe mich eher als Wegbegleiterin, die genug damit zu tun hat, ihren eigenen Weg zu meistern. Freuen wir uns gemeinsam, wenn es uns und vielen anderen Menschen gelingt!

Entdeckungsreise 7: Der fliegende Teppich
Auf diese Entdeckungsreise nehmen wir einen hilfreichen visualisierten Gegenstand mit: einen fliegenden Teppich.

So, wie du die Geschichte von Aladin erlebt hast, erlebst du jetzt noch intensiver und bewusster, wie du selbst auf einem fliegenden Teppich sitzt. Spüre die Oberfläche des Teppichs und nimm seine

Farben wahr. Suche dir eine Lieblingsfarbe aus dem Muster des Teppichs heraus und lass diese Farbe intensiv auf dich wirken. Ist es Rot, Blau, Gelb oder Lila? Oder eine ganz andere Farbe? Welche Farbe fällt dir besonders auf? Fühle mit deiner linken Hand nicht nur, wie weich der Teppich ist, sondern auch wie die Farbe deiner Wahl energetisch schwingt. Es ist farbiges Licht, das jetzt über deine Handinnenflächen in deinen ganzen Körper strömt, zunächst in den linken Arm, den Oberkörper, den Kopf, den Rücken, den Bauch, den Unterkörper, die Beine und die Füße. Du bist erfüllt von diesem Licht, erfüllt von der Lieblingsfarbe, die eine ganz besondere, angenehme Schwingung hat. Diese Farbe trägt die Information Ich kann fliegen, wohin ich möchte *und saust durch alle Zellen. Diese lichtvollen Informationen wirken auf allen Ebenen und lösen alles Schwere auf.* Ich bin leicht und fliege mit meinem Bewusstsein, wohin ich möchte.

Stell dir vor, dass du mit deinem fliegenden Teppich, mit deinem Bewusstsein immer höher fliegst. Ganz hoch in den Sternenhimmel, hoch hinaus in den Kosmos mit seinen unzähligen Planeten, Universen und Galaxien. Es ist egal, wo du bist. Spüre, dass du grenzenlos bist. »Ich bin grenzenlos und frei«, lautet der neue kosmische Code, der jetzt mit dir in Resonanz geht und den du in deinem ganzen Wesen spürst. Alles, was dem widerspricht, ist eine Fehlinformation und wird für immer gelöscht. Die damit verbundene Energie ist transformiert. Es kann sein, dass dir jetzt warm wird. Freue dich, denn von nun an ist alles möglich. Du kannst fliegen, wohin du möchtest, kannst machen, was du möchtest. Sein, wer du bist. Ein Meister deines Bewusstseins, ein Meister deines Lebens. Lass dir Zeit. Genieße den Flug und lande sanft in Einklang mit diesem Bewusstsein, auf das auch der physische Körper reagiert, denn die neuen lichtvollen Codes schwingen in all deinen Zellen.

Kristalline Strukturen als Informationsspeicher

Dank der Forschungsarbeit des japanischen Wissenschaftlers Dr. Masaru Emoto ist bekannt geworden, dass Wasserkristalle unterschiedliche Formen annehmen, und zwar abhängig von der Ursprungsinformation, die im noch nicht gefrorenen Wasser gespeichert ist. Ein Wasserkristall mit der gespeicherten Information Liebe hat eine ganz andere Form als der Wasserkristall, in dem die Information Angst gespeichert wurde. Zur Informationsspeicherung genügt das geschriebene oder gesprochene Wort, mit dem der Wassertropfen automatisch energetisch in Resonanz geht. Der Speichervorgang ist nicht kompliziert. Ihnen ist sicher bekannt, dass der menschliche Körper zum großen Teil aus Wasser besteht. Wissen Sie auch, wie viele Informationen Sie täglich unbewusst speichern? Jedes Lied hat eine energetische Wirkung, jedes gesprochene Wort auch. Wurden Sie als Kind angeschrien oder beschimpft, wenn Sie einen Fehler gemacht haben? Wundern Sie sich, warum Sie auf manche Dinge allergisch reagieren? Diese Informationen sind noch in Ihren Zellen gespeichert, in Ihrem Energiefeld, und zwar so lange, bis sie gelöscht werden und Sie neue Codes empfangen.

Ich habe schon bei vielen meiner Klienten gesehen, dass ihre Emotionen wie Eisblöcke eingefroren waren und die Energie ihres

Herzens total blockierten. Die Lichtwesen, mit denen ich im Team wirke, beginnen die Behandlung oft damit, dass sie die gefrorenen Emotionen durch Energieerhöhung auftauen, um sie dann zu transformieren beziehungsweise zu recodieren. Es sind die *Moleküle der Gefühle*, wie Dr. Candace Pert sie in ihrem gleichnamigen Buch nennt. Die in den Zellen gespeicherten Informationen und deren Trägerenergie, die Emotionen, bilden das eigentliche Unterbewusstsein. Zugang dazu bekommt man mit therapeutischer Berührung des Körpers in Verbindung mit hohen Energien, aber auch ohne Berührung, allein durch das Wirken der lichtvollen, kosmischen Codes.

Zellkommunikation durch Licht

Licht ist der Kommunikationsträger zwischen den Zellen. Alle Informationen werden über Schwingungen vermittelt. Dies ist eine neue Erkenntnis aus der Biophysik. Professor Fritz Popp (ehemals Universität Marburg) hat nachgewiesen, dass die Zellen nicht chemisch miteinander kommunizieren, sondern auf biophysikalischem Wege. Der Informationsträger für diese Kommunikation ist Licht. Das ist wesentlich, um die Wirkung von Cosmic Recoding und die Mithilfe der Lichtwesen, die auch Informationsträger sind, zu verstehen. Alle lebenden Systeme strahlen Licht aus, manchmal zwar in einer schwachen, nicht mit dem physischen Auge wahrnehmbaren Intensität, wie eingangs erklärt, doch man kann es messen und nachweisen. Was wir Licht nennen, sind elektromagnetische Wellen. Gesunde Zellen haben die Tendenz, sich in Verbänden zusammenzuschließen und aufgrund ihrer Zelldichte weniger Licht abzugeben, während Tumorzellen mit wachsender Zelldichte schneller Licht und auch elektromagnetische Energie verlieren. Erkennen Sie den Zusammenhang zwischen niedrig schwingender elektromagnetischer Energie und der Entstehung von Tumorgewebe? Erkennen Sie die wichtige Bedeutung von Schwingungserhöhung und richtiger Zellkommunikation für die Gesundheit?

Bei Krebs liegt eine Kommunikationsstörung auf der Zellebene vor, und solange man die nicht behoben hat, das heißt, solange keine Kohärenz in der Zellkommunikation besteht, ist eine Prävention oder nachhaltige Heilung dieser Krankheit nicht möglich. Es bedarf neuer Energiemuster, die durch Cosmic Recoding erreicht werden können. Jede Krankheit hat, abhängig von der jeweiligen Information, ein spezifisches Frequenz- oder Schwingungsmuster. Frequenzmuster beeinflussen wiederum die Stoffwechselvorgänge in den Zellen. Zellen sind Oszillatoren, die in einer gespeicherten Frequenz schwingen. Der gesamte Organismus ist ein Energiefeld aus Schwingungsfrequenzen, die bei Stress oder Krankheit aus dem natürlichen Gleichgewicht geraten. Durch Zufuhr der richtigen Informationen beziehungsweise kosmischen Codes kann man die Schwingung entsprechend verändern und Selbstheilungsprozesse in Gang setzen.

 Licht mit entsprechender Information hat eine harmonisierende, heilende Wirkung. Aus Chaos entsteht Neuordnung.

Unser Gehirn kann die Komplexität kosmischer Lichtcodierungen selbst mit gutem medizinischem oder spirituellem Vorwissen nicht erfassen. Die Codes wirken auf unseren Organismus nicht in Einzelfrequenzen, wie man sie aus der Schulmedizin oder selbst aus der Homöopathie kennt. Am besten kann man es mit Musik vergleichen. Ein kosmischer Code ist nicht nur ein einziger Ton, sondern eine regelrechte Komposition aus Schwingungsfrequenzen. Nur in Verbindung mit einer höheren Intelligenz oder, besser gesagt, höherem Bewusstsein können die für die jeweilige Situation erforderlichen Informationen abgerufen werden. Dazu später mehr.

Diejenigen, die sich noch in der materiellen Welt mit ihrem althergebrachten Bewusstsein befinden, tun sich eventuell schwer mit dem Verständnis von Lichtcodierungen. In der neuen Energiemedizin geht es um Wellenresonanz und codierte Informationsübermittlung durch Schwingungen. Die neue Energiemedizin ist die sanftere Methode, die auf vergleichsweise grobe chemische Keulen und Manipulation des Organismus verzichten kann.

Auf unserem Weg der Evolution entfernen wir uns von der materiell orientierten Medizin und wenden uns einer energetisch informationell orientierten Medizin zu.

Unser Gehirn, also der menschliche Verstand, neigt dazu, in Schubladen zu denken und Vergleiche anzustellen, etwa nach dem Motto: *Ach ja, das ist so ähnlich wie das, was ich schon mal gehört habe.* In diesem Fall eben nicht. Dennoch müssen wir kein Nuklearphysiker sein und Lichtquanten im Universum beobachten, um Cosmic Recoding zu verstehen. Es reicht, wenn wir uns das Feld der kosmischen Lichtcodes wie ein großes Meer aus Licht vorstellen, dessen Energie uns zur Verfügung steht.

Entdeckungsreise 8: Ein Meer aus Licht und Energie
Auf diese Entdeckungsreise nehmen wir hilfreiche visualisierte Gegenstände mit: die Sonne, das Meer und den Reisebegleiter.

Atme mehrmals tief ein und aus und entspanne dich dabei. Dein Gehirn hat eine Pause verdient und möchte sich nun ausruhen. Am besten geht das, wenn du in deinem Bewusstsein ans Meer fährst ... Erinnere dich an die salzige Luft des Meeres, atme tief ein und aus und spüre die angenehmen Sonnenstrahlen auf deinem Kopf. Hell und lichtvoll, als würde dir ein Engel sanft über den Kopf streicheln.

Ist es vielleicht dein Reisebegleiter, der sich nun wieder bemerkbar macht? Lass dich an die Hand nehmen. Vertraue ihm, denn er wird dir den Weg weisen. Geh nun ein paar Schritte weiter und sieh, wie das Wasser des Meeres in der Sonne glitzert. Unzählige Wassertropfen reflektieren das Licht. Du tauchst nun noch weiter ein und stellst fest, dass die Wassertropfen kleine Lichtpartikelchen sind, die schwingen und tanzen. Sie strahlen eine fröhliche Energie aus und du würdest gern noch weiter eintauchen in das Meer aus Licht und Energie. Das machst du auch und erfährst, dass es zunächst ganz ruhig ist und immer stiller wird, je weiter du mit deinem Reisebegleiter in das lichtvolle Meer eintauchst. Du bist inzwischen so weit hineingegangen, dass dieses Feld aus Licht und Energie dich ganz einhüllt. Über deinem Kopf schwingen die Lichtpartikel und singen ihr eigenes, fröhliches Lied. Du wirst immer stiller, bis du nichts mehr hören kannst. Verweile dort ein paar Minuten. Schließe jetzt die Augen und genieße diese lichtvolle Stille.

Du hast auf dieser Entdeckungsreise wahrnehmen können, wie dein Bewusstsein mit der Stille in Resonanz gegangen ist. Überall war Licht. Es hat dir gut getan und dich beruhigt. Du musst im Prinzip gar nichts wissen oder lernen. Alle Informationen sind einfach da, wenn du sie brauchst. Ich bin eins mit allem, was ist. *Das ist deine Erkenntnis – und gleichzeitig dein Zugangscode zu allem, was ist. Schau, auch dein Reisebegleiter sieht so strahlend und lichtvoll aus. Seine Energie wirkt liebevoll auf dein Herz.*

Wie nach einem langen Urlaub tauchst du langsam und erholt wieder auf und spürst jetzt, dass du selbst dieses Meer aus Licht und Energie bist.

Lichtwelle und Hyperkommunikation

Jede Zelle unseres physischen Körpers enthält die DNS, den Träger des genetischen Codes, der uns trotz intensiver wissenschaftlicher Forschungen immer noch Rätsel aufgibt. Auch das hängt mit dem Bewusstsein der forschenden Wissenschaftler zusammen, die lange glaubten, dass der Informationsfluss ausschließlich auf biochemischem Weg zustande kommt.

Russische Wissenschaftler, vor allem Pjotr Garjajev und Vladimir Poponin, haben durch ihre Forschungsarbeit jedoch bewiesen, dass die DNS durch elektromagnetische Übertragung von Informationsmustern verändert werden kann. Ihnen ist es gelungen, Zellen komplett auf ein anderes Genom umzuprogrammieren. Mithilfe der sogenannten Wellengenetik haben sie es geschafft, Froschembryonen in Salamanderembryonen zu verwandeln.

Die Erkenntnisse der Wellengenetik sind revolutionär und erklären, warum Heilung durch Informationsübertragung, etwa durch lichtvolle kosmische Codes, möglich ist. Die Heilinformation kann leicht und einfach in die DNS eingespeist werden. Das gesprochene Wort oder die telepathische Information beziehungsweise deren Codes genügen dafür. Die Speicherung von Information in der DNS erfolgt über eine Lichtwelle, die sogenannte Solitonwelle, die das DNS-Molekül umhüllt. Diese Lichtwelle kann Informationsmuster auf die DNS übertragen wie auf einen interaktiven Biochip mit mindestens drei Gigabits Speicherfähigkeit.

Die DNS ist in ständiger Kommunikation mit ihrem Umfeld. Sie kann mit anderen Lebewesen und auch mit der DNS anderer Menschen kommunizieren. Diese Kommunikation erfolgt außerhalb von Raum und Zeit im höherdimensionalen Hyperraum und wird daher auch Hyperkommunikation genannt. Der Physiker John Wheeler hat sich intensiv mit der Hyperkommunikation beschäftigt und festgestellt, dass mikroskopisch kleine Verbindungskanäle, die er »Wurmlöcher« nennt, direkt an dem DNS-Molekül andocken. Diese Verbindungskanäle durch den Hyperraum entstehen aufgrund von Quantenvakuumfluktuation.

Hyperkommunikation unterliegt keinerlei Beschränkungen. Man hat Zugang zu einem offenen Netzwerk, das Wheeler Bewusstseins- oder Lebensnetzwerk nennt. Ich nenne es das geistige Internet, aus dem wir Daten abrufen und in das wir Daten einspeisen können. Hyperkommunikation kann auch im Tierreich beobachtet werden. Sie zeigt sich etwa im koordinierten Verhalten von Bienen- und Ameisenvölkern und bei Zugvögeln, die auf für die menschliche Wahrnehmung nicht nachvollziehbare Art und Weise miteinander kommunizieren und in beeindruckenden Formationen fliegen.

Durch Hyperkommunikation mit dem Kosmos hat auch Cosmic Recoding in seiner jetzigen Form Eingang in dieses Buch gefunden. Zunächst habe ich meine Erfahrungen damit in der Praxis gemacht. Die wissenschaftlichen Forschungsberichte, die vieles von dem, was ich erfahren durfte, bestätigen, habe ich erst bei meinen späteren Recherchen entdeckt. In zahlreichen Energiebehandlungen außerhalb von Zeit und Raum haben Klienten sogenannte Spontanheilungen erfahren. Im Hyperraum kann man nämlich in die »Vergangenheit« gehen und den Auslösern einer späteren Erkrankung auf die Spur kommen. In den meisten Fällen handelt es sich um eine lange Kette von Ereignissen, die nicht so leicht identifizierbar sind, weil sich der Klient in einem unterbewussten Programm befindet. Er ist gefangen in einer krank machenden Informationsmatrix mit einem destruktiven Code, der sich ständig wiederholt. Wenn man vor den »Zeitpunkt« der Ursachenentstehung geht und die Informationen dort durch Energiezufuhr mit neuen lichtvollen Codes ändert, findet die Erkrankung gar nicht statt und die Symptome (etwa Kopfschmerzen) sind spontan verschwunden.

Es kann sein, dass Sie zu den Lesern gehören, die alles ganz genau wissen wollen und wissenschaftliche Erklärungen lieben. Aber vielleicht blockieren Sie ja auch, wenn Sie wissenschaftliche Sprache hören, und möchten es mit Worten erklärt haben, die sogar ein zehnjähriges Kind versteht. Von Herzen gern:

Stellen Sie sich vor, jemand strickt einen Pullover. Aus welchem Grund auch immer hat sich ein Fehler in das Strickmuster eingeschlichen. Maschen wurden fallen gelassen, was schließlich zu einem Loch im Pullover geführt hat, das erst ein ganze Weile später, etwa 40 Reihen weiter, entdeckt wurde.

Was macht man da am besten?

Idealerweise fängt man nicht an, das Loch zu stopfen (die Symptome zu bekämpfen) oder den Pullover zu »operieren« und damit zu verunstalten. Das Einfachste wäre, die Reihen so weit wieder aufzuribbeln, bis man an dem Punkt angelangt ist, bevor sich der Fehler eingeschlichen hat. Dann kann man den Pullover im ursprünglichen Muster ohne Fehler weiterstricken. Das Loch ist automatisch verschwunden! Dieses Prinzip wird beim Cosmic Recoding angewandt.

Die Geschichte von Silvia

Silvia war 49 Jahre alt und hatte über eine Freundin von meiner Energiearbeit erfahren. Sie kam in erster Linie, um ihre Lebensfreude wiederzufinden, und hatte große Mühe, sich auszudrücken, weil sie stotterte. Immer wenn sie über schmerzhafte Erlebnisse in ihrem Leben sprach, wurde es noch schwieriger, die richtigen Worte zu finden und fließend auszusprechen. Umso erstaunlicher war, dass Silvia im Chor sang – ohne irgendwelche Artikulationsprobleme. Darauf war sie stolz und das Singen machte ihr große Freude. Die Energie der Freude am Singen war stärker als die Energie des Traumas, das sie erlitten hatte, als ihr fünfjähriger Bruder bei einem schweren Autounfall im Rücksitz neben ihr gestorben war. Sie war damals selbst erst zwei Jahre alt gewesen und wie durch ein Wunder »unverletzt« geblieben. Jedenfalls waren Silvias tiefe Verletzungen mit dem physischen Auge nicht sichtbar. Der Schock, den sie erlitten hatte, als sie um Hilfe rufen wollte, hatte ihr Sprachzentrum beeinträchtigt. Sie brachte keinen Ton heraus und gab sich selbst unbewusst die Schuld daran, dass ihr Bruder gestorben war. Ihre blutüberströmte, bewusstlose Mutter auf dem Fahrersitz konnte keine Hilfe leisten. Der Krankenwagen kam erst eine gute halbe Stunde später. Zu spät für ihren Bruder. Als Silvia mir diese Geschichte das erste Mal erzählte, brauchte sie sehr lange und stotterte viel. Für sie war das Ereignis nach den vielen Jahren noch so real, als hätte sie es gerade erst erlebt. Sie war in der Energie der Vergangenheit gefangen. Energetisch gefangen war auch ihre Fähigkeit, in einer Unterhaltung frei zu sprechen. In der Cosmic-Recoding-Behandlung ging es darum, die Schockmuster, die das Stottern bei ihr ausgelöst hatten, zu löschen und neue lichtvolle Codes einzuspeisen. Silvia brauchte zwei Behandlungen. Das Schockmuster konnte zwar schon in der ersten erfolgreich gelöscht werden. Aber Silvia und ihre über siebzigjährige Mutter, mit der sie in einem Haus lebte, konnten es nicht richtig glauben. Es gab also immer noch ein paar Sprachstörungen. Erst als sie sich selbst regelmäßig in einer Meditation auf ihre neuen Codes einschwingen konnte und bei einem zweiten Termin bereit war, die Information und Energie der Schuld zu transformieren, war sie komplett frei von Schock und Schuld und sprach fließend.

Zellgedächtnis und Gentransfer

Zellen sind wie der ganze Mensch in der Lage, zu lernen und sich anzupassen. Sie speichern Informationen, die sie durch Licht- und Energieübertragung erhalten haben. Diese Informationen können im Laufe eines Lebens auch verändert werden. Man spricht dann von Mutationen, die zum großen Teil durch die energetische Umgebung bedingt sind. Die in den Zellen gespeicherten Informationen, die Zellerinnerung sozusagen, können Lebewesen sogar an ihre Nachkommen vererben.

Wo in der Zelle befinden sich die Erbinformationen? Im Prinzip im Zellkern. Das ist jedenfalls das, was Wissenschaftler jahrelang angenommen haben und was vielleicht auch in Ihrem Biologieunterricht noch gelehrt wurde. Dabei hat sich herausgestellt, dass der Zellkern gar nicht das Gehirn der Zelle mit ihrem Gedächtnis ist. In Versuchen wurde der Zellkern, das vermeintliche Gehirn der Zelle, entfernt. Normalerweise müsste sie jetzt absterben. Sie stirbt aber nicht, sondern funktioniert und kommuniziert so lange weiter, bis sie sich nicht mehr teilen kann, denn das Erbgut wurde entfernt. Der Zellkern entspricht somit nicht dem Gehirn, sondern den Keimdrüsen.

Wie Dr. Bruce Lipton mit seinen Forschungsarbeiten belegt hat, werden Umweltsignale über die Zellmembran in Verhalten umgesetzt. Es ist die nur sieben Millionstel Millimeter dicke Zellmembran, die beim Cosmic Recoding auf die Lichtinformationen reagiert. Wenn wir noch genauer hinschauen, entdecken wir, dass die Zellmembran ein »flüssiger, kristalliner Halbleiter mit Toren und Kanälen ist« – das biologische Pendant zu einem Silikonchip im Computer. Die Informationen auf dem »biologischen Chip«, das Zellgedächtnis, können gelöscht beziehungsweise verändert werden.

In meiner Praxis ist diese Tatsache besonders für die Behandlung von Traumapatienten von großer Bedeutung. Das traumatisierende Erlebnis kann zwar nicht ungeschehen gemacht werden, aber die energetische Information im Zellgedächtnis, die ein Verhalten wie Stottern bewirkt, kann gelöscht werden. Dann kann durch Cosmic Recoding eine neue, positive Information eingespeist werden, wenn die Zelle dafür empfänglich ist. Proteine in der Zellmembran können je nach Stimulation die Zellmembran durchlässig machen oder verschließen. Ich habe bei meinen Behandlungen von Klienten die Erfahrung gemacht, dass das Öffnen für neue lichtvolle Codes bei hoher Schwingungsfrequenz, das heißt auf einer höheren Bewusstseinsstufe, leichter ist. Je feinfühliger die »Antennen« sind, die ein Mensch hat, desto leichter können Rezeptorproteine Umweltsignale aufnehmen und durch sogenannte Effektorproteine eine Zellreaktion auslösen. Die Membranproteine steuern das Gedächtnis und die Lebensprozesse der Zellen.

Zellen können ihre Informationen auch an ihre unmittelbaren Nachbarn weiterleiten. Das nennt man Gentransfer. Die Zellen können somit »erlernte« Erfahrungen von anderen übernehmen, und das gilt nicht nur für Zellen derselben Art, sondern auch für andersartige Zellen. Hier liegen die Gefahren der Gentechnologie. Eine 2004 veröffentlichte Studie hat gezeigt, dass der Verzehr von gentechnisch veränderter Nahrung beim Menschen zu einer Veränderung der Darmflora geführt hat. Ähnliches wurde auch bei Pflanzen festgestellt. Der Gentransfer von Genmais und Genraps auf natürliche Pflanzen hat zum Entstehen hochresistenter Superunkräuter geführt.

Das Bewusstsein dafür, dass wir aufgrund des energetischen Informationsaustauschs zwischen allen Lebewesen automatisch auch ein gemeinsames Schicksal haben, ist leider noch nicht weit genug verbreitet. Meine Oma hat uns schon vor vielen Jahren gesagt: »Was du nicht willst, dass man dir tu, das füg auch keinem anderen zu.« Ich füge heute mit meiner holografischen Weltsicht hinzu: »Der andere bist du!«

Zur Wiederherstellung eines gesunden Organismus müssen sich die Zellen an ihre ursprüngliche Information und Funktion erinnern können. Wenn die ursprünglichen Lebensprozesse in einer Zelle wiederhergestellt sind, etwa durch lichtvolle Codes, spricht man von Heilung und Gesundheit. Betonen muss man dabei jedoch immer, dass krank machende Umweltfaktoren (etwa Elektrosmog) auch geheilte Zellen/Menschen wieder krank werden lassen, weil diese negativen Informationen dominieren, wenn nicht entsprechend gegengesteuert wird. Heilung findet nur in der Gegenwart statt. Ein konstantes, bewusstes Einschwingen auf die geeignete Schwingungsfrequenz, etwa durch Cosmic Recoding, führt zu entsprechend guter Gesundheit.

Zell- und Organerneuerung

Der menschliche Organismus besteht schätzungsweise aus 70 bis 100 Billionen Zellen, von denen pro Sekunde ca. 50 Millionen absterben. Die Lebensdauer der einzelnen Zellen variiert sehr stark. Manche leben nur stundenweise, andere existieren ein Leben lang. Bei entsprechender Information in den Zellen regenerieren sie sich vollständig. Bei Fehlinformationen und Schädigungen der Zellen wird die Regenerationsfähigkeit negativ beeinflusst und es kommt zu Mutationen.

Wenn man den Prozess der Zellerneuerung in der uns bekannten Zeitmatrix betrachtet, brauchen die Zellen unterschiedlich lange, um sich zu regenerieren. Die Zellen der Darmschleimhaut werden innerhalb weniger Tage erneuert, Hautzellen etwa alle zwei Monate. Die Zellen der weißen Blutkörperchen leben nur wenige Tage. Das kann man gut bei abklingenden eitrigen Entzündungen beobachten. Rote Blutkörperchen leben etwa 120 Tage, bevor sie durch neue ersetzt werden. Auch Nervenzellen können sich in bestimmten Gehirnregionen immer wieder erneuern. Gesunde Leberzellen regenerieren innerhalb von acht Monaten, Knochenzellen werden in der Regel dreißig Jahre alt, es sei denn, es besteht eine Notwendigkeit zur schnelleren Zellregeneration und Reparatur, etwa bei Knochenbrüchen. Lungenzellen regenerieren auch sehr schnell. In etwa acht Tagen hat sich die gesamte Lungenoberfläche erneuert. Es sei denn, man ist Raucher und der Teer in der Lunge vergiftet die Zellen – womit wir wieder beim entscheidenden Thema Umweltbedingungen und Epigenetik sind.

Wenn man während einer Cosmic-Recoding-Behandlung in einen Raum ohne Zeit eintritt, in das Nullpunktfeld, kann alles viel schneller geschehen. So sind beispielsweise »Spontanheilungen« möglich, bei denen die Regeneration der Zellen sehr schnell abläuft. Es ist auch möglich, die Zeit anzuhalten und die Uhr zurückzudrehen, um Alterungsprozesse in den Zellen zu verlangsamen oder zu stoppen.

Im menschlichen System gibt es für fast alle Zellen Stammzellen, die wie die Vorlage im Kopiergerät dafür sorgen, dass ständig neue Kopien von diesen Zellen gemacht werden. Der menschliche Körper ist ein regelrechtes Regenerationswunder. Im Prinzip könnte die Reproduktion der Zellen also immer so weitergehen, wenn sich nicht Fehler beim Kopieren einschleichen würden, etwa durch den Einfluss freier Radikale, Gentransfer, Zellgifte oder UV-Strahlung. Wenn sich zu viele Gifte in den Zellen angesammelt haben, etwa durch ungesunde, stressreiche Lebensweise und falsche Ernährung, können sich die Zellen nicht mehr regelmäßig reinigen und entgiften. Der Nährboden für Krankheiten mit den Rezeptoren für Fehlinformationen wird geschaffen.

Damit die Zellerneuerung und Organwiederherstellung funktionieren kann, muss unser Biocomputer die Originaldaten zur Verfügung haben. Unser energetisches Informationsfeld enthält den ursprünglichen Bauplan für jedes Organ in Form von lichtvollen Codes. Wie bei der Restaurierung eines Gebäudes oder Gemäldes kann das Organ aufgrund dieser Vorlage wieder in seinen Ursprungszustand zurückgebracht werden.

In manchen Fällen scheinen die Originaldaten jedoch verloren gegangen oder unter dem ganzen Müll in den Zellen verschüttet zu sein. Beispielsweise werden bei Infektionskrankheiten und auch bei Krebs die mutierten Zellen mit ihren fehlerhaften Codes so lange immer wieder erneuert, bis es keine gesunden Zellen mehr gibt. Die Ursprungsinformation in der Zelle geht verloren und mit ihr die Schwingungsfrequenz Gesundheit. Die Kopie einer Kopie ist immer schlechter als das Original!

Cosmic Recoding ermöglicht den Zugriff auf die Urinformation eines Organs. Die Information des erkrankten Organs wird von unserer Seele, unserer eigenen Schöpferkraft ersetzt, und zwar durch den Kontakt mit lichtvollen Codes (Decodieren und Reset). Dieser Kontakt ist wie ein Schöpfungsfunke aus Licht, der mich jedes Mal aufs Neue begeistert wie Catweazle, als er den Lichtschalter anknipste. Es ist wundervoll zu beobachten, wie durch CRC ein Hologramm des gesunden Organs entsteht, das dann wachsen und Form annehmen kann.

 Die Seele hat die Originaldaten der unmanipulierten DNS und kann ihre Fehler durch kosmische Lichtcodes korrigieren.

Die Geschichte von Christian

Christian war einer der ersten Klienten in meiner Praxis, der die kraftvolle Wirkung von Cosmic Recoding erleben durfte. Er hatte ursprünglich um einen Termin gebeten, weil sein Vater drei Monate zuvor verstorben war und er eine Botschaft aus der geistigen Welt von ihm erhalten wollte. Wie so oft machte ich auch hier die Erfahrung, dass immer genau das geschieht, was zum besten Wohl meines Klienten und zum besten Wohl aller ist. »Zufällig« ergab es sich, dass Christian genau am Tag vor unserem Termin ein Zahn gezogen wurde. Fast wollte er die schon seit Wochen geplante Sitzung absagen, besann sich aber noch rechtzeitig, denn ihm war klar, dass es auch um Heilung für ihn ging und nicht nur um den medialen Kontakt mit der Seele seines verstorbenen Vaters. In der Sitzung konnte Christian kaum sprechen, dafür aber umso besser zuhören. Er bekam sehr viele Engelbotschaften und konnte auch in Kontakt mit der Seele seines Vaters treten, die ihm immer wieder sagte, dass alles in göttlicher Ordnung sei. Als Zeichen ihrer Liebe bat ihn die Seele seines Vaters, bitte offen für ein Wunder zu sein. Während der Energiebehandlung war es Christian möglich, die Schmerzen in seinem rechten Unterkiefer auf einer Skala von 10 bis 0 auf null zu bringen. Christian konnte es kaum glauben. Ich fragte, ob er zusätzlich an einer Kostprobe meiner neuen Arbeit mit Cosmic Recoding interessiert sei, und er willigte ein. Wir – Christians Seele, seine geistigen Helfer und ich als Übersetzerin – führten Christian durch den Cosmic-Recoding-Prozess, den er als sehr angenehm empfand. Die Ursprungsinformationen des gesunden Zahns wurden über lichtvolle kosmische Codes in sein Energiefeld integriert und bildeten ein Zahn-Hologramm im Energiefeld des Kiefers. Mir war zwar bewusst, was das bedeutet, ich habe ihm aber keine Heilversprechen gemacht, sondern erklärt, wie Cosmic Recoding wirken kann.

Am Ende der Behandlung ging es Christian wesentlich besser. Er war entspannt, ruhig und hatte Frieden mit dem frühen irdischen Ableben seines Vaters geschlossen. Die Liebe zwischen Vater und Sohn ist geblieben, und die Gewissheit, dass sein Vater nicht einfach weg ist, war heilsam für Christian. Etwa zehn Tage nach der Behandlung bekam ich eine längere E-Mail von Christian, in der er sich bedankte und mir mitteilte, dass dort, wo die Lücke im Gebiss gewesen war, zu seiner großen Überraschung ein neuer Zahn durchgebrochen sei, der innerhalb von ein paar Wochen komplett nachgewachsen ist.

Das Bewusstsein der Zellen und die Kraft der Seele

Wir haben erfahren, dass Zellen nur dann ein Gedächtnis und Bewusstsein haben, wenn sie, wie beschrieben, durch Licht- und Energieübertragung eine codierte Information erhalten haben. Nun stellt sich die Gretchenfrage: *Woher kommen die codierten Informationen beziehungsweise woher kommt das Bewusstsein der Zellen?*

Ich werde mich hier nicht aufs Glatteis begeben, indem ich versuche, Darwins Theorie von der Entstehung des Lebens durch Evolution zu widerlegen. Es gibt schon genug Evolutionsanhänger und Evolutionskritiker, die sich in langatmige Diskussionen zu diesem Thema ergehen. Da beziehe ich mich lieber auf das von mir in der Praxis Erlebte und die Fakten aus der Natur, an denen es nichts zu rütteln gibt.

Wir wissen, dass die Zellen aller Lebewesen eine unvorstellbar große Menge an Informationen enthalten. Es gibt allein 50 000 verschiedene Proteine im Körper und die Gebrauchsanleitung für deren Einsatz befindet sich in der DNS. Es ist gut, dass wir diese Gebrauchsanleitung »vor dem Einschalten des Gerätes« nicht lesen müssen, um überhaupt auf diesem Planeten existieren zu können. Die Informationsdichte in unserer DNS ist so enorm, dass man es sich kaum vorstellen kann. Würde jeder der sieben Milliarden

Erdenbürger den Inhalt von über 2000 Büchern auf einen großen Haufen werfen, hätte man nach Aussagen der Wissenschaftler George Church und Sriram Kosuri vom Harvard Wyss Institute in etwa das Informationsvolumen, das in der DNS gespeichert ist: schätzungsweise 700 Terabyte Daten in einem Gramm DNS. Computer mit einem vergleichbaren Speichervolumen gibt es, soweit ich weiß, auf der Erde noch nicht.

 Die codierten Informationen können nicht einfach selbstständig entstehen, sondern brauchen einen Urheber und Sender.

Die kosmischen Codes, von denen ich hier spreche, sind geistige, nicht materielle Informationen, die durch Licht übertragen werden. Am Anfang dieser Übertragung steht immer eine schöpferische geistige Quelle – eine Form von Intelligenz. Wie Michael Behe in seinem Buch *Darwins Black Box* ausführlich darstellt, haben die Biochemiker die Zellen und ihre Gene zwar in unzähligen Versuchen untersucht und auf der Molekularebene alles umgegraben, was es umzugraben gibt, doch letztlich ist das Ergebnis dieser Versuche:

 Alles Leben folgt einem intelligenten Plan, einem codierten Design.

Der Urheber dieses Plans und der kosmischen Codes ist kein materielles Wesen, sondern Geist beziehungsweise Bewusstsein, das sich außerhalb unserer irdischen Matrix und unseres Verständnisses von Zeit befindet. Dieses Bewusstsein ist allwissend und unendlich. Unabhängig von ihrer Religionszugehörigkeit sprechen Menschen von Gott als Schöpfer oder Geist, der in allem lebt und unser vermeintlich materielles Universum durchdringt.

Bewusstsein und Wissenschaft werden in unserer Gesellschaft

seit Descartes leider als etwas Getrenntes behandelt, wie zwei separate Dinge. Bewusste Erfahrungen einzelner Menschen, inklusive Phänomenen wie Telepathie, Hellsehen, Nahtoderlebnisse etc., wurden von der Wissenschaft oft ignoriert. Die kritische und skeptische Haltung vieler Wissenschaftler basiert dabei oft auf der Angst, die eigene Karriere zu gefährden und aus der wissenschaftlichen Gemeinschaft ausgeschlossen zu werden. Das hat dazu geführt, dass diese übersinnlichen Phänomene – das Bewusstsein, Lichtwesen und sogar Engel – nach dem Vogel-Strauß-Motto *Ich glaub nicht an so was* zu Tabuthemen geworden sind.

Die Menschen, deren Bewusstsein auf der Energie der Liebe und nicht der Angst beruht, haben diese Phänomene selbst erlebt. Man muss sie nicht bekehren oder überreden, daran zu glauben. Ich schließe mich aufgrund meiner eigenen Erfahrungen der Meinung an, dass es eine göttliche Quelle gibt, aus der die lichtvollen kosmischen Codes kommen, und dass es Engel und Lichtwesen gibt. Ohne einen Zugang zur göttlichen Schöpferkraft und damit zur Energie der Liebe ist Cosmic Recoding schlecht möglich. Bei niedriger, angstvoller Schwingung ist die Selbstheilung erschwert oder gar blockiert. Die Unterstützung durch einen liebevollen Verstärker für die gesendeten Informationen kann dem interessierten Empfänger helfen. Bei diesem Verstärker kann es sich um einen ausgebildeten Cosmic-Recoding-Coach handeln, der Zugang zur Quelle hat, eine hohe, liebevolle Schwingungsfrequenz besitzt und als Kanal für die göttlichen Energien, also für lichtvolle kosmische Codes fungiert.

Viele Menschen glauben an Körper, Geist und Seele, doch wenn man genauer nachfragt, wissen sie nicht unbedingt, was die Seele ist, und haben auch keinen direkten Kontakt dazu. Die Seele eines Menschen ist lichtvolle Energie, die man nicht getrennt von der Gottesenergie sehen kann, ähnlich wie man eine Welle im Ozean immer als Bestandteil des Ganzen sehen muss. Die Seele ist nicht nur ein isoliertes Stück der Gotteskraft, sondern ein Fraktal, in dem alle Informationen des Ganzen enthalten sind. Bei Cosmic Recoding geht es darum, dass wir unser Energiefeld erneut mit der Schwingung der Seele in Einklang bringen. Wenn wir in Harmonie und im Einklang mit den Frequenzen unserer Seele schwingen, öffnet sich das Tor zum Kosmos und wir werden in allen Bereichen unseres Lebens energetisch unterstützt. Wenn wir das nicht tun, fühlt es sich an, als würden wir gegen den Strom schwimmen, und das kostet sehr viel Kraft. Vielleicht kennen Sie das Gefühl?

Man kann einen Menschen nichts lehren,
man kann ihm nur helfen,
es in sich selbst zu entdecken.

Galileo Galilei
.

Beim Cosmic Recoding gehen wir in Resonanz mit unserem eigenen Licht, dem göttlichen Bewusstseinscode. Dadurch haben wir Zugang zu kraftvollen Energien, zu außersinnlichen und höherbewussten Fähigkeiten, die bei vielen Menschen schlafend in der Erdmatrix ruhen wie Tulpenzwiebeln im Winter. Genauso erstaunlich wie der Unterschied zwischen einer unscheinbaren Tulpenzwiebel und der im Frühling erblühten Tulpe, die in allen Farben leuchtet, ist auch der Unterschied zwischen Menschen, die sich ihrer Seelenkraft noch nicht bewusst sind, und denen, die bewusst erleben, dass sie ein multidimensionales, unlimitiertes Lichtwesen sind.

Was erweckt das Potenzial der Tulpenzwiebel? Was erweckt die Kraft der Seele? Ich habe dazu ein ganzes Buch (*Aktivierung der göttlichen Kraft*) mit vielen praktischen Anleitungen geschrieben, dessen Essenz ich hier stark vereinfacht zusammenfasse: Die lichtvollen Sonnenstrahlen im Frühling aktivieren die Transformation und das Wachstum der Tulpenzwiebel. Der Kontakt zu lichtvollen kosmischen Codes aktiviert die DNS-Codes beim Menschen und das führt zu einer Transformation des Bewusstseins und zur Erweckung des Seelenpotenzials, also zur Aktivierung der eigenen göttlichen Kraft.

Genauso wie die Tulpenzwiebel nicht in der Erde stecken bleiben möchte und bestrebt ist zu erblühen, ist die Seele darauf fokussiert, erleuchtet zu werden. Der menschliche Geist hingegen möchte Informationen haben und alles mit dem Verstand erfassen. Bis jetzt habe ich den Bedürfnissen des Verstandes Rechnung getragen und Ihnen die wichtigsten Hintergrundinformationen zum Cosmic Recoding gegeben. Doch da sich Ihre Seele schon beim ersten Impuls, dieses Buch lesen zu wollen, gezeigt hat wie die ersten grünen Blättchen im Frühjahr, haben die bisherigen Entdeckungsreisen parallel auch ihre Bedürfnisse befriedigt. Im Folgenden werden die Bedürfnisse Ihrer Seele noch stärker berücksichtigt.

Der physische Körper sehnt sich nach sinnlichen Erfahrungen, nach Gesundheit und einer verbesserten Lebensqualität. All das wird durch die praktische Anwendung von Cosmic Recoding genauso erfahrbar wie die Fähigkeit, durch die eigenen Handflächen lichtvolle kosmische Codes zu empfangen und dieses göttliche Licht als gebündelte Heilungsfrequenzen an sich selbst oder Patienten zu senden. Unbewusste Menschen, die noch in der irdischen Matrix verhaftet sind, konzentrieren sich auf materiellen Besitz, physische Stimulanz, Sinnesreize und suchen Bestätigung im Außen. Das Bewusstsein dieser Seelen ist noch nicht reif für das, was jetzt kommt.

Geistige Energiemediziner und lichtvolle Helfer

Seit vielen Jahren arbeite ich mit lichtvollen geistigen Helfern zusammen, um meine Klienten bei ihrem Transformations- und Heilungsprozess zu unterstützen. Bei den himmlischen Energiemedizinern, wie ich sie nenne, handelt es sich um Engel, Erzengel, sogenannte aufgestiegene Meister, Geistführer, Seelen, Feen, Elfen, Kristalle, Krafttiere sowie um die Elemente Erde, Wasser, Feuer, Luft etc. Die Liste ließe sich beliebig verlängern. Da Menschen verschiedene Erfahrungen mit Lichtwesen haben und Unterschiedliches damit assoziieren, möchte ich erklären, wie ich die geistigen Wesen erlebe. In meinem Buch *Quantum-Engel-Heilung* habe ich ausführlich beschrieben, wie ich die verschiedenen Erzengel wahrnehme. Jeder Mensch nimmt Engel und Lichtwesen anders wahr. Zurückkommen möchte ich hier auf die Analogie mit der Sonne. Die göttliche Quelle der Liebe ist eine unendliche Lichtquelle. Die unterschiedlichen Lichtwesen sind vergleichbar mit den Strahlen des Sonnenlichts. Sie schwingen auf unterschiedlichen Frequenzen und werden daher oft verschiedenen kosmischen Strahlen zugeordnet, die den Farben des Regenbogens entsprechen. Auch die dem bereits erwähnten Chakrasystem zugeordneten Farben (Rot, Orange, Gelb, Grün, Türkis, Violett und Weiß) entstehen allein durch unsere Wahrnehmung des Lichts, das wir selbst sind. Im Grunde sind die wunderschönen Farben des Regenbogens nicht voneinander getrennt. Es ist einfach nur Licht, das wir farbig wahrnehmen. Auch die geistigen Energiemediziner sind Licht oder Fraktale der göttlichen Quelle genau wie Ihre Seele. Das gemeinsame Bewusstsein schwingt auf der Frequenz der Liebe.

Wenn wir nicht auf dieser Frequenz schwingen, nehmen wir uns als getrennt war – auch als getrennt von der göttlichen Quelle. Und genau da liegt der Ursprungsschmerz! Da sind die »gefallenen Maschen in unserem Strickmuster«, die in unserer Wahrnehmung ein Loch im Pullover/in unserem Leben entstehen lassen. Menschen versuchen dieses Loch auf unterschiedliche Weise unbewusst zu füllen: mit übermäßigem Essen, mit zu viel Arbeit, mit ständiger Ablenkung, mit der Sucht nach Alkohol, Drogen, Sex, Geld etc.

 Alle Krankheiten und schwierigen Lebenssituationen sind darauf zurückzuführen, dass wir einen illusionären Mangel an Liebe erleben.

Dieser Mangel ist eine Illusion – etwa so, als glaube ein Fluss, kein Wasser zu haben. Er ist ein Fluss und hat daher automatisch Wasser, weil er daraus besteht. Sie sind ein liebevolles, göttliches Lichtwesen und haben automatisch Liebe in Ihrem Leben, weil Sie Liebe sind! Sie haben vielleicht nur vergessen, wer Sie wirklich sind. Wenn dem so ist, sind Sie in guter Gesellschaft.

In meinen QEH-Intensivausbildungen besteht eine meiner wichtigsten Aufgaben darin, die Teilnehmer daran zu erinnern, wer sie wirklich sind. Die meisten haben es in der Tat vergessen oder haben nur eine diffuse Vorstellung von ihrem Seelenpotenzial und ihren Fähigkeiten. Wenn ich frage: »Wer bist du?«, kommt in der Regel eine Antwort wie: Ich bin Hausfrau, Arzt, Mutter, Lehrer, Heiler etc., also eine Beschreibung der beruflichen Tätigkeit des Befragten und der Rollen, die er oder sie im Leben einnimmt. Oder es wird achselzuckend der eigene Name genannt. Manchmal werden auch interessante spirituelle Konstrukte als Antwort gegeben, etwa: »Ich bin ein geistiges Wesen, das eine irdische Erfahrung macht«, wobei meist klar ist, dass derjenige, der das sagt, die wahre Bedeutung dieser Aussage nicht kennt. Die häufigste Antwort ist somit: »Ich weiß es nicht.«

Wenn die meisten Menschen nicht einmal wissen, wer sie selbst sind, wie können sie dann sich selbst, also die göttliche Kraft in den geistigen Energiemedizinern und lichtvollen Helfern erkennen? Ihre Wahrnehmung ist so, als würden sie mit allen gemeinsam in einem dunklen Raum sitzen, wo sie weder sich selbst noch die anderen sehen können. Hier ist wieder der »Elektrik-Trick« gefragt! Lassen Sie uns gemeinsam das Licht anstellen, also die lichtvollen kosmischen Codes und die göttliche Kraft erleben.

Wenn wir erkennen, dass wir nicht von Gott und den Engeln getrennt sind, finden wir wieder, was uns gehört: Energie, Kraft, Frieden, Liebe, Glück, Harmonie, Gesundheit, Klarheit, Wohlstand, wahre Freiheit und vieles mehr. Wir finden alle Antworten und haben keine Fragen mehr.

Möchten Sie das?

Entdeckungsreise 9: In Einklang mit der Seele sein
Auf diese Entdeckungsreise nehmen wir keine visualisierten Gegenstände mit. Wir lassen alles los.

Ich lasse meinen Geist ruhen und atme ruhig und tief ein und aus. Das Ticken der Uhr ist mir gleichgültig. Ich löse mich von der Zeit und von allen Gedanken, die zu ihr gehören. So wie ich alles in einen großen Müllcontainer geben kann, werfe ich auch die Illusionen des Menschseins jetzt dort hinein ...

Wer bin ich wirklich? Das ist die einzige Frage, die mich noch kurz bewegt. Dann lasse ich auch sie los wie einen Luftballon, der nun wegfliegt. Immer ruhiger und stiller wird es. Immer leerer in meinem Kopf.

Ich nehme Licht wahr. In meinem Herzen sehe ich Licht, als ob die Sonne dort aufgeht und allmählich alles erleuchtet. Alle meine Zellen gehen mit diesem Licht in Resonanz und beginnen ebenfalls zu leuchten und zu strahlen.

Das Licht wird immer stärker, und ich weiß jetzt: Es ist das Licht meiner Seele.

Ich erinnere mich und spüre im selben Moment die Energie der Liebe, die mein Licht aussendet. Ganz liebevoll, sanft und doch stark ist mein Licht. Das Licht meiner Seele. Ich genieße diesen inneren Sonnenaufgang und sonne mich in meinem eigenen Licht.

Die Illusion des physischen Körpers verschwindet. Es gibt kein Innen und kein Außen mehr. Ich gehe tiefer in die Erfahrung meiner Seele und sehe das unendliche Meer aus kleinen Lichtpartikeln, aus lichtvollen kosmischen Codes mit der Information: Ich bin Liebe.

Ich verweile in diesem Bewusstseinszustand, so lange ich möchte, und bin im Einklang mit meiner Seele ...

Sie können diese Entdeckungsreise täglich praktizieren und sich dafür ca. 20 Minuten Zeit nehmen. Wenn Sie in diesem Prozess geübt sind und Ihre eigene Seele gut kennengelernt haben, wird sie Ihnen entsprechende Impulse geben, zu Ihnen sprechen, Sie inspirieren und eine nie versiegende Quelle der Liebe für Sie sein.

 Materie ist die dichteste Form von Geist und Geist ist die subtilste Form von Materie.

Kosmisches Bewusstsein – kosmische Datenbank

Das kosmische Bewusstsein ist unendlich und daher mit wenigen Worten nicht zu beschreiben. Es ist selbst dann kaum nachzuvollziehen, wenn wir es mit dem Internet vergleichen, das täglich um viele tausend neue Webseiten wächst und sich immer weiter ausdehnt. Die meisten Internetnutzer haben bestimmte Webseiten, die sie immer wieder aufsuchen. Vielleicht gehören sie einem bestimmten Forum, einer Gemeinschaft an und tauschen sich je nach Interessenlage regelmäßig aus. Die dort zur Verfügung gestellten Informationen akzeptieren sie bewusst oder unbewusst und gehen damit gern konform. Das Bedürfnis, mit einer Gruppe konform zu gehen, beispielsweise mit dem, was in dieser Gruppe gerade angesagt ist, erkennen wir weltweit, etwa in der Modeindustrie. Wer bestimmt eigentlich darüber, was *in* oder schon wieder *out* ist? Darüber wird nicht nachgedacht. Die Menschen befinden sich in der Regel in einem bestimmten Bewusstseinsfeld, etwa dem eines Modeschöpfers, und verhalten sich danach. *Modeschöpfer* ist auch ein interessantes Wort, denn zumindest dieser Designer ist ein bewusster Schöpfer seiner Kollektionen, die von anderen mehr oder weniger bewusst gekauft und getragen werden.

Der Biologe Rupert Sheldrake spricht in diesem Zusammenhang von einem hypothetischen Feld mit »formbildender Verursachung für die Entwicklung von Strukturen«. Ich gebe ihm recht, gehe allerdings davon aus, dass diese Felder mittlerweile als Bewusstseinsfelder existieren und keineswegs nur hypothetisch sind, sondern bereits eine große Wirkung haben. Es gibt kollektive Bewusstseinsfelder mit vorherrschenden Meinungen, etwa in der Politik oder in anderen Bereichen, wo bestimmt wird, was richtig oder falsch, gut oder böse ist. Diese kollektiven Bewusstseinsfelder prägen die unterbewussten Programme, die Glaubensmuster, die Denkweisen, die Ansichten, die Verhaltensweisen und die Erfahrungen einer ganzen Kultur oder Subkultur von Menschen. Wenn man einen anderen kulturellen oder auch religiösen Hintergrund hat, kann man das, was in einer Gruppe als normal bezeichnet wird, als völlig absurd oder sogar als zutiefst irritierend empfinden.

Wenn ich von kosmischem Bewusstsein spreche, meine ich nicht die unterschiedlichen kollektiven Bewusstseinsfelder, sondern vielmehr ein übergeordnetes höheres Bewusstsein, das frei von Meinungen, Wertungen und Urteilen ist. Bei Cosmic Recoding geht es ja gerade darum, sich aus den kollektiven, limitierenden Bewusstseinsfeldern auszuklinken, deren Wirkung also zu transformieren und zu neutralisieren. Wenn ein bestimmtes Bewusstseinsfeld beispielsweise zum Inhalt hat, dass eine Krankheit als unheilbar gilt, kann man sich daraus lösen und sich sein eigenes Feld schaffen, in dem gute Gesundheit normal ist.

Meine Klientin Elisa befand sich in einem Bewusstseinsfeld, das ihre Mutter und auch schon deren Ahnen für sie bereitet hatten. Es hieß: *Kind, das schaffst du nicht.* Egal, ob sie laufen lernen, Fahrrad fahren, aufs Gymnasium gehen oder sonst etwas wollte, Elisa hörte immer und immer wieder: *Kind, das schaffst du nicht.* Natürlich fiel ihr deshalb vieles schwer, aber Elisa hat trotzdem einiges erreicht. Ihr Unterbewusstsein hat das Wort »nicht« einfach nicht gehört. Allerdings spürte sie die Energie, mit der ihre

Mutter sprach, und hatte immer Angst, es vielleicht wirklich nicht zu schaffen.

In das kosmische Bewusstsein einzutauchen, bedeutet, frei zu sein von allen Einschränkungen und von jeglicher Angst. Man kann alles schaffen, denn die Wahrheit ist: Wir sind alle Schöpfer. Und von nun an schaffen wir bewusst mit den lichtvollen kosmischen Codes, die wir empfangen.

Wenn wir bewusst in den unendlichen Kosmos eintauchen, haben wir Zugriff auf die kosmische Datenbank. Dort ist alles gespeichert, und zwar unabhängig von Vergangenheit, Gegenwart und Zukunft, denn die gibt es, wie wir bereits wissen, gar nicht. Diese Datenbank ist, um es irdisch auszudrücken, wie ein riesiges Großhandelslager mit unzähligen Regalen, auf die wir Zugriff haben. Und gleichzeitig ist nichts vorhanden, denn es handelt sich um ein Potenzial der Schöpfung. »Bestellbar« werden die dort gelagerten Dinge erst dann, wenn unsere Seele mit dem in Resonanz geht, was wir erschaffen wollen, wenn die lichtvollen Codes aktiviert werden und wir das Gewünschte gleichzeitig schon in der Hand halten.

 Schöpfung ist multidimensional und nicht sequenziell.

In dem Moment, in dem wir die lichtvollen Codes empfangen, hat sich auch schon ein Hologramm formiert, das dann als manifestierte Materie in unserer Wahrnehmung erscheinen kann. Beispielsweise erlebe ich schon während ich dieses Buch schreibe, wie ich es in der Hand halte, freudig darin blättere und es von Herzen gern für Sie signiere.

In meinem Herzen klingt oft ein Lied von Led Zeppelin, das ich seit den 1970er-Jahren immer wieder gern höre. Darin wird betont, was auf unserer Bewusstseinsreise wichtig ist. Der Song heißt »Stairway to Heaven«, Treppe zum Himmel. Darin wird eine Lady besungen, die sich sicher war, dass alles, was glitzert, Gold ist. Sie wollte sich diese Treppe zum Himmel kaufen. Doch ihre Schatten (Ego) waren größer als ihre Seele. Erst in der letzten Strophe begegnet sie dem weißen strahlenden Lichtwesen, das wir alle kennen, und das zeigen möchte, wie doch noch alles zu Gold werden kann. »Und wenn du sehr genau zuhörst, kommt der Ton (und somit die Schwingung) doch noch zu dir. Wenn alle eins sind und einer alles ist. Ein Fels sein und nicht wegrollen. Und sie bekommt ihre Treppe zum Himmel.«

Auf dem Original-Cover des Albums (von 1971) ist eine Treppe zum Himmel/zum Kosmos abgebildet. Und vor dem lichtvollen Eingang wartet ein weißer Engel mit großen Flügeln.

Entdeckungsreise 10: Der Kosmos – Stairway to Heaven
Ich habe die Eintrittskarte in der Hand. Keine Worte. Nur Stille.

Teil 4

Cosmic Recoding in der Praxis

Eine wichtige Grundaussage von Cosmic Recoding ist, dass Energie und Schwingung immer mit Information verbunden sind. Bei Krankheit und in schwierigen Lebenssituationen liegt immer eine Informationsstörung vor. Sie kann mit der Aufnahme, Übertragung, Verdichtung oder Veränderung von Informationen beziehungsweise einer Kombination daraus zusammenhängen. Bei Heilung und positiven Veränderungen von Lebenssituationen geht es darum, die störenden Informationen aus dem jeweiligen System zu löschen (1. Decodieren), das System neu einzustimmen (2. Reset) und fehlende Informationen zu integrieren (3. Download). Sie werden diese drei Schritte lernen und in Übungen entsprechende energetische Veränderungen erfahren. Die drei Schritte können zwar auch einzeln geübt werden, sind aber im kompletten Cosmic Recoding ein zusammenhängender Bewusstseinsprozess. Bitte nehmen Sie sich Zeit dafür, es lohnt sich!

Der Einstieg

Idealerweise beginnen Sie mit den Übungen auf meiner CD *Cosmic Recoding – Das Praxisprogramm.* Es geht zunächst darum, einen guten Kontakt zur eigenen Seele und zum Kosmos herzustellen. Sollten Sie die CD noch nicht haben, können Sie zur Kontaktaufnahme mit dem Kosmos auch die Entdeckungsreisen aus diesem Buch machen, so oft Sie möchten. Ich empfehle, dabei die Reihenfolge von 1 bis 10 einzuhalten und die Wirkung jeder Entdeckungsreise jeweils neu zu erleben. Wenn man den Kontakt zur eigenen Seele erst einmal hergestellt hat, kann man schrittweise sein ganzes Leben verändern. Die Betonung liegt dabei auf *schrittweise*, damit die Veränderung sanft vonstattengeht und gut integrierbar ist.

Wie beim Stimmen einer Gitarre, wo man sich mit einer Saite nach der anderen beschäftigt, geht man auch beim Cosmic Recoding Schritt für Schritt beziehungsweise Thema für Thema vor. Es ist wichtig, die richtige Schwingung genau zu spüren, so wie ein Musiker die Schwingung des richtigen Tons erkennt, hört und genau spürt, ob der Ton seiner Gitarre mit dem der Stimmgabel in Einklang ist. Die Saite ist zwischen zwei Punkten gespannt und der Klang wird auf den Resonanzkörper der Gitarre übertragen. Jeder Ton hat eine eigene Schwingung, eine besondere Vibration, die in Resonanz geht. In diesem Fall besteht die Resonanz zwischen Stimmgabel und Gitarrensaite. Durch das Drehen eines Knopfes am Gitarrenhals wird die Saite verkürzt oder verlängert. Je kürzer, straffer gespannt und dünner die Saite ist, desto höher wird der Ton. Es dauert eine Weile und braucht Sorgfalt und Übung bis das ganze Instrument in Harmonie gebracht ist.

Unser Energie- und Körpersystem ist um ein Vielfaches komplexer als eine Gitarre. Jede Veränderung wirkt sich auf das ganze System aus. Falls Sie viele Themen haben, müssen Sie, um in unserem Bild zu bleiben, die Instrumente eines ganzen Orchesters stimmen. Und wenn die Instrumente jahrzehntelang vernachlässigt wurden, kann auch der Heil- und Veränderungsvorgang etwas dauern.

Zu Beginn eines jeden Heil- und Transformationsprozesses kann es zu mehr oder weniger starken Entgiftungserscheinungen kommen, je nachdem, wie viel Müll sich in Ihrem System angesammelt hat. Durch die energetischen Übungen des Cosmic Recoding werden diese Gifte gelöst und mit Tränen und anderen Körperflüssigkeiten ausgeschieden. Trinken Sie in dieser Phase viel Wasser oder auch Reinigungstee, der Nieren, Leber, Haut und Lymphe unterstützt. Ich empfehle zusätzlich ein- bis zweimal pro Woche ein zwanzigminütiges Salzbad mit einem Pfund Salz vom Toten Meer. Tauchen Sie dabei auch den Kopf mehrmals unter Wasser. Dieses Bad wirkt tief reinigend und angenehm energetisierend.

Cosmic Recoding wirkt sehr intensiv. Setzen Sie bitte vorab immer die Intention, dass es zu Ihrem besten Wohl und zum besten Wohl aller geschieht. Da wir in einer toxischen Welt leben, ist es wichtig, dass wir auch auf unser direktes Umfeld achten. Ist die Schwingung in meinem Zuhause angenehm? Ist es aufgeräumt? Ist meine Ernährung für meinen Körper geeignet? Habe ich ein liebevolles, schönes Umfeld? Mit Cosmic Recoding können Sie sich das für Sie am besten geeignete Umfeld selbst manifestieren. Achten Sie auf Ihre energetische Reinigung und beschließen Sie den Tag mit einer entsprechenden Übung (siehe CD *Cosmic Recoding*). Wenn Sie in Harmonie mit Ihrer Seele und den kosmischen Lichtcodes Ihrer Wahl schwingen, wird es Ihnen immer besser gehen. Sie werden zum bewussten Schöpfer Ihres wundervollen Lebens.

Die befreiende Energiedusche

Zunächst möchte ich Sie bitten, eine Energiedusche zu nehmen, damit Sie sich sofort wohler fühlen. Denn egal, was das jeweilige Thema ist, sei es Angst, eine Krankheit, eine Blockade, ein empfundener Mangel, Einsamkeit, Trauer, Zweifel, Disharmonie etc., Ihre erste, dringend wichtige Erkenntnis sollte sein:
Es ist nicht meine Schuld!

Bitte schließe jetzt die Augen, atme mehrfach tief ein und aus und sage dabei so laut du kannst und so oft du möchtest, bis du es wirklich tief in deinem Inneren fühlst: *Es ist nicht meine Schuld! Es ist nicht meine Schuld! Es ist nicht meine Schuld! Es ist nicht meine Schuld! Es ist nicht meine Schuld! Es ist nicht meine Schuld! Es ist nicht meine Schuld! Es ist nicht meine Schuld! Es ist nicht meine Schuld! Es ist nicht meine Schuld!*

Atme weiter tief ein und aus. Vielleicht laufen dir auch ein paar Tränen übers Gesicht. Es ist wichtig, dass du den Druck löst und alle Schuldgefühle rauspustest.

Visualisiere nun, wie aus einem goldenen Duschkopf über deinem Kopf goldenes Lichtwasser über deinen physischen Körper und durch dein ganzes Energiefeld rieselt. Es ist angenehm warm und tut so gut. Genieße diese befreiende Energie fünf bis zehn Minuten lang. Sieh, wie das goldene Lichtwasser harmonisierend wirkt und jetzt in deinen Körper hineinfließt. Es fließt auch in den Raum, in dem du dich befindest, und weiter in alle Bereiche deines Lebens. Das geschieht ganz von allein, bis dein ganzes Wesen von Licht erfüllt ist. Es beruhigt dich, löst mögliche Schuld und dichte Energien und zurück bleiben Reinheit, Klarheit und ein angenehmes Wohlgefühl.

Sage dann dreimal: *Ich bin frei von Schuld! Ich bin frei von Schuld! Ich bin frei von Schuld!*

Aufspüren und löschen der Ursachen

Sollte es in Ihrem Leben oder in Ihrem Körper eine Informationsstörung geben, die ein Symptom hervorgerufen hat, etwa eine Krankheit, geht es darum, deren Ursachen aufzuspüren und die energetischen Bausteine (Codes) zu decodieren. Ihre Seele hat alles dazu gespeichert, unabhängig von der Zeit, in der sich die Ursachen gebildet haben. Manchmal trägt Dauerstress zusätzlich dazu bei, dass sich eine Krankheit bilden kann. So kommt es, dass ein bestimmtes Symptom oft erst Jahre später aktiviert wird. Doch die Ursachen einer Krankheit sammeln sich derweil unbemerkt im sogenannten Quantenkörper.

Nicht immer ist es möglich, sich aller Ursachen bewusst zu werden. Manche Erlebnisse sind tief im Unterbewusstsein vergraben wie alte Sachen, die vor langer Zeit in den Keller geräumt wurden, von Ihnen oder anderen. Man muss sie nicht ins Wohnzimmer stellen und sich täglich damit auseinandersetzen. Den Keller nach und nach auszuräumen, reicht völlig. Es kommt jedoch vor, dass beim Decodieren Bilder und Emotionen auftauchen. Eigene Erfahrungen aus diesem Leben, aus der Kindheit, aus früheren Leben oder auch Müll von anderen, die sich als unterbewusste Programmierungen dort angesammelt haben, können sich zeigen. Falls wenig oder gar keine Wahrnehmung möglich ist, passiert trotzdem ganz viel.

Die Ursachen, sprich, die destruktiven Energien werden im ersten CRC-Schritt von der Seelenenergie transformiert. Es ist nicht ganz wie bei einem Computer oder Handy, wo eine Löschung scheinbar auf Knopfdruck erfolgt. Die Computerfreaks unter Ihnen wissen, dass eine Information, die auf der Festplatte gelöscht wurde, durchaus wieder zum Vorschein gebracht werden kann. Nur eine kraftvolle Energie wie etwa Feuer kann die Information im Computer komplett vernichten, aber leider auch das Gerät selbst. Beim Cosmic Recoding findet eine sanfte Transformation von Information statt durch die Energie der Seele und den parallel stattfindenden Download der neuen Informationen oder Lichtcodes. Cosmic Recoding wird vom Bewusstsein gesteuert. Vergleichen kann man das mit dem Schmelzen eines Eiswürfels. Die Ursprungsinformation *Eis* wandelt sich in die Information *Wasser*. Dabei findet ein Transformationsprozess der Informationscodes statt und der Eiswürfel schmilzt.

Wenn ein Mensch während eines Transformationsprozesses weint, lösen sich auch die im Wasser/in den Tränen gespeicherten Emotionen. Die emotionale Energie, die den energetischen Fluss blockiert hat und Krankheitsursache war, wird gelöst. Allerdings fließen nur bei wenigen Cosmic-Recoding-Behandlungen sofort Tränen. Es ist daher wichtig, nach jeder Behandlung viel Wasser zu trinken und die Entgiftung der Zellen damit zu unterstützen.

Der Stimmgabel-Effekt

Alles im Leben ist einfach, wenn man es nur oft genug geübt hat und einfach kann. Auto fahren, kochen, eine Fremdsprache fließend sprechen, einen Computer oder ein neues Handy bedienen, das kann alles kinderleicht sein. Auch Cosmic Recoding ist kinderleicht, wenn man es geübt hat. Und manche müssen es gar nicht üben. Kinder können mit einem bewussten Atemzug, also in weniger als einer Sekunde, Kontakt zu ihrer Seele und zum Kosmos herstellen. Ältere Menschen haben das verlernt oder vergessen und dürfen üben, bis es auch bei ihnen wieder ganz schnell geht. Manche Menschen haben aber auch vergessen, wie es sich anfühlt, glücklich, gesund, geliebt und frei zu sein. Sie brauchen eine Erinnerungshilfe, eine Stimmgabel.

Die Stimmgabel ist eine Metapher für die Funktion des holografischen Bildes, das eine bestimmte Schwingung hat, mit der man beim Cosmic Recoding in Gleichklang geht. So wie uns das Bild eines Babys, eines kleinen Hundes, eines Sonnenuntergangs, eines Schmetterlings oder einer Urlaubsinsel in eine bestimmte emotionale Schwingung versetzt, so stimulierend sollte unsere selbst gewählte »Stimmgabel« wirken.

Wählen Sie Ihre Stimmgabel sorgfältig aus. Tiefe positive Emotionen sollten damit verbunden sein und sie sollte die Erfüllung eines Herzenswunsches repräsentieren. Sie können ein geeignetes Bild aus einer Zeitschrift oder dem Internet wählen, am besten ohne andere Personen.

Wenn Sie kein konkretes Bild haben, dann spüren Sie, wie sich die Erfüllung des Herzenswunsches anfühlt. Wenn jemand beispielsweise Knieprobleme hat, sollte er sich selbst als holografisches Bild sehen, beispielsweise wie er zum Strand hinunterrennt, um mit den Füßen im Meer zu baden, frei von Schmerzen, glücklich und frei. Seien Sie kreativ. Es gibt keine Grenzen, es sei denn, Sie setzen sich diese Grenzen bewusst oder unbewusst selbst. Das Leben ist ein Spiel ohne Grenzen und die Spielregeln bestimmen Sie als Schöpfer Ihres Lebens selbst.

Es geht beim Cosmic Recoding darum, wie eine Saite zu schwingen, die zwischen zwei Punkten gespannt ist. Der eine Punkt ist das holografische Bild und der andere ist das, was wir als unsere jetzige Realität bezeichnen. Der Resonanzkörper ist unser physischer Körper und unser Energiekörpersystem.

Die Vision

Menschen, die Großes geschaffen haben, waren alle Visionäre. Sie sind der Stimme ihres Herzens gefolgt, die sie unermüdlich angetrieben hat, das zu manifestieren, was sie persönlich als dringlich und wichtig empfunden haben. Es ist immer eine große Kraft damit verbunden, wenn man eine Vision hat, für eine Lebensform, für ein neues Produkt etc. Es ist die Herzenskraft, die Kraft der Liebe, die Kraft unserer Seele, die wir nutzen können, um Wunder zu vollbringen, um Unmögliches möglich zu machen.

Einer dieser bemerkenswerten Visionäre war Mahatma Gandhi, der Indien in die Unabhängigkeit geführt hat. Sein Name war eigentlich Mohandas Karamchand Gandhi, aber er wurde von allen »Mahatma« genannt. Das ist Sanskrit (*maha atman*) und bedeutet *große Seele*.

Nicht der kleine Mann mit dem Lendentuch hat einen ganzen Subkontinent befreit. Seine große Seele hat dieses Wunder vollbracht. Natürlich hatte er irdische und himmlische Helfer und auch ihnen gebührt Dank und Anerkennung. Doch der eigentliche Motor der indischen Friedensbewegung war die Kraft von Gandhis großer Seele, einer Gotteskraft, die einer Vision so lange gefolgt ist, bis sie sich manifestiert hat.

Wenn Sie das verstanden haben, können Sie Cosmic Recoding so anwenden, wie es gedacht ist: mit der Kraft Ihrer Seele, zu Ihrem eigenen Wohl und zum besten Wohl aller. Die Ergebnisse werden Sie als Wunder erfahren!

Was ist Ihre Vision zu Ihrem besten Wohl und zum besten Wohl aller?

Fragen Sie sich vor jeder CRC-Anwendung: Wie dient es mir? Wie dient es anderen? Ist es im Einklang mit dem besten Wohl aller? Wenn dies bei Ihrer Vision nicht der Fall ist und Sie mit Cosmic Recoding etwas erzwingen wollen, was negative Auswirkungen auf andere hat, werden Sie mit dieser auf höchster Integrität beruhenden Form der Energiemedizin nicht weiterkommen. Beim Cosmic Recoding geht es immer um die Ausrichtung auf göttliche Harmonie im Kosmos. Ihre Seele wird alles Gegenteilige verhindern, denn sie ist die Essenz der Liebe.

Ihre Seele ist genauso groß wie die von Gandhi. Es gibt keine Seele, die zu klein geraten ist, um etwas manifestieren zu können. Es ist jedoch möglich, dass Sie noch nicht gelernt haben, sich bewusst mit Ihrer eigenen Seele zu verbinden und Ihr volles Potenzial zu nutzen, weil es Ihnen einfach keiner gezeigt hat.

Eine positive Überraschung

Fangen Sie mit einem kleinen Wunder an, bevor Sie eine große Vision manifestieren.

Wie wäre es mit einer positiven, liebevollen Überraschung, die Sie als Lichtblick in Ihrem Leben empfinden? Dieses Wunder kann sich in allen Lebensbereichen manifestieren, das ist ja die Überraschung. Vielleicht ist es ein Anruf oder eine E-Mail mit einer positiven Nachricht, über die Sie sich freuen. Vielleicht ist es ein beschleunigter Heilungsprozess, über den Sie glücklich sind. Vielleicht ist es ein Geschenk, eine Gehaltserhöhung, eine Feder, ein 1-Cent-Stück oder ein anderes Glückssymbol, das Sie unerwartet finden. Seien Sie bewusst in Ihrer Wahrnehmung und erwarten Sie die Manifestierung innerhalb von 48 Stunden. In diesen 48 Stunden bleiben Sie in dieser wundervollen Schwingung und praktizieren Ihren persönlichen Bewusstseinscode.

Vielleicht haben Sie unterbewusste Gedanken wie:

▷ *Das klappt ja doch nicht.*
▷ *Ich kann das bestimmt nicht.*
▷ *Ich bin nicht gut genug.*

- *Nichts kann mir helfen.*
- *Ich mache es nicht richtig.*
- *Es ist viel zu schwer.*
- *Ich habe es nicht verdient.*
- *Ich habe Angst zu versagen.*
- *Ich habe Angst vor Veränderungen.*
- *Ich habe es schon so oft versucht und werde wieder enttäuscht.*

Durch das im nächsten Kapitel beschriebene Decodieren werden solche und andere limitierenden Glaubensmuster transformiert. Bitte lassen Sie allen energetischen Müll los, auch Personen und Rollen, die Sie bewusst oder unbewusst gespielt haben. Das Ergebnis sollte sein:

- *Ich bin frei von allen blockierenden Energien, Emotionen und Gedanken.*
- *Ich habe Vertrauen in die Energie meiner Seele.*
- *Der CRC-Prozess wirkt auf jeden Fall.*
- *Ich freue mich über Veränderungen und Heilung.*

Natürlich sind auch mehrere positive Überraschungen möglich.

Cosmic Recoding in drei Schritten

Erster Schritt: Decodieren und löschen

Atme tief ein und aus, vielleicht kannst du sogar mehrmals intensiv gähnen. Deine Intention ist, dich von der irdischen Angst- und Stressmatrix zu lösen, indem du dich jetzt erinnerst, dass du die Energie der Liebe bist. Du bist lichtvolles, freies Bewusstsein. Dein Leben und dein physischer Körper werden von deinem Bewusstsein geprägt.

Werde dir jetzt deines Atems bewusst. Entspanne dich dabei und lenke dein Bewusstsein auf deinen Herzschlag. Lege deinen linken Arm ausgestreckt hin. An deinem linken Handgelenk kannst du nun mit drei Fingerspitzen deiner rechten Hand deinen eigenen Puls fühlen. Lass dir Zeit dafür, bis du den Rhythmus deines Herzschlages wahrnehmen kannst. Du kannst es auch umgekehrt machen und die Seiten wechseln, wenn es dir so leichter fällt. Schließe die Augen und spüre in der Stille ein bis zwei Minuten lang deinen Atem. Atme nun intensiver durch die Nase ein und hörbar durch den Mund wieder aus. Atme so lange tief ein und aus, bis sich dein Pulsschlag deutlich verlangsamt hat. Behalte den langsamen, tiefen Atemrhythmus bei, lass dein Handgelenk los und öffne nun die rechte Hand. Sie zeigt geöffnet nach unten, als wolltest du die Erde berühren. Bleib entspannt und atme ruhig weiter. Nimm nun Kontakt mit deiner Seele auf (bitte vorher üben). (*Anmerkung:* Das Fühlen des Pulses ist nur eine von vielen Möglichkeiten, um sich tief zu entspannen und Kontakt zur eigenen Seele aufzunehmen. Sie können auch eine andere wählen.)

Visualisiere über deinem Kopf einen hellen Stern. Er leuchtet und strahlt und symbolisiert deinen ganzen Kosmos. Es ist der Stern deiner Seele. Dieses Licht strahlt in deinen Kopf hinein und aktiviert deine Zirbeldrüse, das dritte Auge. Auch die anderen Hormondrüsen und Entgiftungsorgane werden aktiviert. Erlaube nun dem strahlenden Licht deiner Seele, destruktive, schmerzhafte Zellerinnerungen und die zugehörigen Codes aus deinem Herzen und deinem ganzen System zu löschen und zu transformieren. Es genügt, kurz an das unerwünschte Symptom zu denken und zu sagen: *decodieren*. Sieh dabei, wie das Licht deiner Seele alles durchstrahlt und alte Informationscodes löscht.

Es kann sein, dass du nun innere Bilder der Ursachen empfängst. Beobachte einfach, was geschieht, ohne darauf zu reagieren. Es ist nur ein Bild oder ein Film, der von deinem dritten Auge wahrgenommen wird. Das bist nicht du, egal was du siehst.

Wenn du keine Bilder empfängst, kannst du visualisieren, dass wie bei einem Ölwechsel im Auto dichte, dunkle Energien aus deiner rechten Hand in einen Behälter tropfen, der am Ende des Vorgangs von einem lichtvollen Helfer weggebracht wird. Atme tief und entspannt weiter.

Bleibe in der Stille, bis du das Gefühl von Leere hast. Das Licht deiner Seele spült durch dein ganzes System, und zwar so lange, bis auch aus deiner rechten Hand Licht herausstrahlt.

Zweiter Schritt: Fokus und Reset

Hier geht es zunächst darum, eine neue, gewünschte Schwingungsfrequenz zu finden und dich darauf einzustimmen. Suche dir einen Gegenpol zu deinem Thema. Wenn du krank bist, schwinge dich auf Gesundheit ein. Wenn du Übergewicht hast, schwinge dich auf die Frequenz deines Idealgewichts ein. Wenn du allein bist und dich ungeliebt fühlst, schwinge dich auf Liebe und Partnerschaft ein. Suche dir vorab eine »Stimmgabel«, ein Bild mit der idealen Schwingung, dem idealen Ton für dein Leben und dem entsprechenden Glücksgefühl.

Wenn du beispielsweise unter Hautproblemen leidest und die Ursachen dafür bereits durch das Decodieren gelöst hast, schwingst du dich nun auf die Frequenz schöner, gesunder, glatter Haut ein. Das kann eine Zellerinnerung der eigenen gesunden Haut sein, aber auch ein Bild aus der Werbung, das ein schönes Hautbild zeigt.

Wichtig ist, dass du ganz in Einklang damit schwingst und selbst spürst, wie deine eigene Haut wunderbar gesund und schön aussieht. Spüre die Schwingung in deinem ganzen System. Ähnlich wie dich deine Lieblingsmusik aus dem Radio glücklich macht, sollte dich auch die begehrte Frequenz in eine freudige Schwingung versetzen.

Dritter Schritt: Download und Recoding

Stelle nun über deine Seele die Verbindung zum Kosmos her (bitte vorher üben).

Du kannst dir visuell helfen, indem du eine leuchtende Linie siehst, die von der holografischen »Stimmgabel«, also deinem erfüllten Wunsch, ausgeht und über deinen Seelenstern, den Kopf und die Zirbeldrüse direkt in dein Herz strahlt. Spüre, ob du schon in Einklang damit schwingst, ob diese Linie also wie eine Gitarrensaite in Einklang mit deinem Herzen schwingt. Wenn dies nicht der Fall ist, lass dir einfach etwas Zeit und erlaube dem Licht deiner Seele, die Energie zu erhöhen.

Visualisiere das Bild der schönen Haut als Hologramm im Kosmos und lass es immer intensiver werden. Es besteht aus kleinsten lichtvollen Partikeln, die wie Pixel in einem digitalen Bild die Information »schöne Haut« als Lichtcodes enthalten.

Öffne nun deine linke Hand und sieh, wie die Lichtcodes in deine Hand strömen. Denke dabei *Download schöne Haut* und nimm diesen Download freudig an wie ein Geschenk.

Spüre, wie die Lichtcodes mehr und mehr in dich einströmen und an alle Zellen deines Körpers weitergeleitet werden. Fühle dabei eine angenehme Wärme und sieh, wie das Hologramm in dir entsteht.

Nimm die neuen lichtvollen Codes, die Bestandteile des Hologramms, in dich auf. Dabei spürst du eine große Anziehungskraft für diese kosmischen Energieströme, die von dir ausgeht. Vielleicht kribbelt deine Hand, vielleicht wird sie angenehm warm. Die Lichtcodes fließen in deinen Körper, in dein ganzes Wesen. Das Hologramm des erfüllten Herzenswunsches wird über die neuen Codes in allen Zellen deines Körpers gespeichert. Das Gewünschte ist jetzt deine Realität. Nimm diese neue Schwingung wahr, spüre die Frequenz der Wunscherfüllung. Du bist glücklich, du spürst die Kraft und erlebst wahre Freiheit.

Lege jetzt die linke Hand auf dein Herz und gib die wirkenden Lichtcodes dort hinein. Die Informationen werden automatisch an alle Zellen deiner DNS weitergeleitet.

Du hast dein Leben positiv verändert und das strahlst du auch aus. Du liebst diese neue Frequenz wie einen Radiosender, der den ganzen Tag deine Lieblingsmusik spielt.

Erlaube dir, mit deinen inneren Augen drei Zahlen wahrzunehmen, die deine Seele für dich auswählt. Nach und nach sind sie immer deutlicher zu sehen. Sie stehen symbolisch für deine neue Schwingungsfrequenz. Vielleicht haben sie auch eine besondere Farbe. Merke dir die Zahlen und die Farbe und schreibe sie später auf.

Die drei Zahlen werden dich immer an dieses Cosmic Recoding erinnern. Sie sind dein persönlicher Code dafür. Es fällt dir leicht, mit der Schwingung deines persönlichen Codes in Einklang zu sein. Bei Bedarf kannst du dich mit einem tiefen Atemzug ganz leicht auf deine neue Frequenz einschwingen.

Spüre die Leichtigkeit und die liebevolle Kraft in dir. Spüre deinen gesunden physischen Körper und nimm deine neuen Energien wahr.

Nimm dir genügend Zeit, bis der Download ganz abgeschlossen ist. Der Kontakt zum kosmischen Schöpfungsbewusstsein besteht während des kompletten Cosmic-Recoding-Vorgangs (10 bis 20 Minuten).

Anmerkung: Hilfreich ist es, sich täglich auf die neu erreichte Schwingung einzustimmen. Dazu benutzen Sie Ihren persönlichen Zahlencode. Für jedes Cosmic Recoding, das Sie zu einem anderen Thema durchführen möchten, gibt es einen neuen Zahlencode, bis Sie schließlich wunschlos glücklich im Einheitsbewusstsein sind. Die Veränderungen stellen sich schnell ein und sind nachhaltig. Sammeln Sie täglich eigene Erfahrungen!

Ausdrucksformen des persönlichen Bewusstseinscodes

Wie bereits erklärt besteht das ganze Universum/der ganze Kosmos aus Informationscodes, die man auch in *Zahlen* ausdrücken kann. Jede Information hat eine bestimmte Schwingung, die in Verbindung mit Energie Struktur schafft – und aus dieser Struktur entsteht Materie. Da die Informationen, die Lichtcodes über die Art der Materie bestimmen, setzt Cosmic Recoding genau hier an. Der persönliche Bewusstseinscode dient lediglich dazu, sich an den entsprechenden Bewusstseinszustand zu erinnern. Vielleicht gibt Ihnen Ihre Seele auch einen Ton oder eine Farbe als Bewusstseinscode.

Wichtig ist, dass Ihre Seele der Zahlenkombination eine Bedeutung und damit eine Schwingung gibt. Bitte nehmen Sie *keine* Zahl, die Ihnen Ihr Kopf vorsagt, etwa Ihre Lieblingszahl oder eine sogenannte Meisterzahl, die Sie schon an etwas anderes erinnert. Es kann jedoch sein, dass Ihr persönlicher Bewusstseinscode nicht dreistellig ist, sondern einstellig, zweistellig, vierstellig oder dass er noch mehr Stellen hat. Zweifeln Sie nicht daran, denn Ihre Seele lügt nicht. Konzentrieren Sie sich jedoch nicht zu sehr auf diesen Zahlencode, denn damit würden Sie sich wieder auf die Kopfebene begeben. Bleiben Sie einfach empfänglich für die Lichtcodes, die Ihnen Ihre Seele zeigt.

Jedes Cosmic Recoding hat für jedes neue Thema einen anderen Bewusstseinscode. Und wenn Sie den einmal erhalten haben, sollten Sie ihn auch nicht mehr ändern, denn er ist Ihre neue Stimmgabel.

Mit einem einzigen tiefen Atemzug können Sie sich im Laufe des Tages ganz leicht an diesen Bewusstseinscode erinnern. Wenn Sie mögen, können Sie Ihre persönlichen Zahlen auch laut sagen oder sogar als Melodie singen. Die Schwingung Ihrer Seele kann Ihre Stimmbänder anregen, Töne hervorzubringen. Dadurch wird in Ihrem ganzen Energiefeld eine bestimmte Schwingung ausgelöst. Die Lichtcodes wirken in Ihrem holografischen System als Impulse weiter. Alles, was mit dieser Schwingung in Resonanz geht, kommt unterstützend in Ihr Leben. So kann das Gesetz der Anziehungskraft positiv für Sie wirken. Nur Mut, Sie sind der göttliche Schöpfer!

Je weniger Sie darauf bedacht sind, mit dem, was Sie tun, allen anderen gefallen zu wollen, desto freier und gesünder werden Sie.

Der Bewusstseinscode unterscheidet sich wesentlich von den Zahlenreihen, die manche Heiler symptombezogen einsetzen nach dem Motto: Es gibt für jedes Symptom einen bestimmten Zahlencode, und der hilft jedem Patienten, bei dem sich das jeweilige Symptom zeigt. Nun gibt es aber Milliarden von Menschen mit den unterschiedlichsten Symptomen, Krankheiten und Lebensumständen. Das menschliche System ist viel zu komplex, als dass man mit hundert oder tausend Heilzahlen zum Ziel kommen könnte. Das wäre etwa so, als gäbe Ihnen jemand hundert feste Zahlenkombinationen, um den Safe Ihrer Bank zu knacken. Sie können es versuchen, aber wahrscheinlich klappt es nicht.

Im Cosmic Recoding ist der Bewusstseinscode selbst gewählt, und zwar von der höchsten Ebene des Bewusstseins, auf der nur Sie – und damit meine ich Sie als Seele, nicht als Ihr programmierter Kopf – Zugang zu einer ganz bestimmten Schwingung haben, zu Ihrem persönlichen Schließfach. Hier ist Fremdbestimmung oder gar Manipulation nicht möglich. Niemand außer Ihnen kann an Ihr Schließfach. Grübeln Sie bitte nicht zu lange darüber nach, probieren Sie es einfach aus. Wichtig ist, dass Sie dabei in dem Bewusstsein Ihrer eigenen Schöpferkraft bleiben.

Es ist auch möglich, dass Sie beim Herunterladen der Lichtcodes *Farben* wahrnehmen. Wir wissen, dass Licht alle Farben des Regenbogens enthält. Die kosmischen Lichtcodes sind eine Lichtsprache mit »Worten« in Form von Wellen mit bestimmten Frequenzen. Diese Frequenzen können vom menschlichen Bewusstsein als Farben wahrgenommen werden. Sie wirken auf den menschlichen Organismus, der sich darauf einschwingt. Eine Farbe kann die Stimmung und damit emotionale und körperliche Heilungsprozesse beeinflussen.

Beim Cosmic Recoding haben wir allerdings kein »Kopfwissen« darüber, welche Farbe beispielsweise ein erkranktes Organ harmonisiert. Vielmehr überlassen wir die Farbwahl unserer allwissenden Seele. Die Lichtcodes, die wir empfangen, haben vielleicht gar nicht direkt etwas mit dem erkrankten Organ zu tun, doch weil es unsere Absicht ist, die Ursachen für ein Symptom (erkranktes Organ) zu decodieren und weil diese Ursachen auf der Seelenebene bekannt sind, bekommen wir immer die beste Hilfestellung von höchster Stelle.

Beim Cosmic Recoding befinden wir uns auf einer Bewusstseinsebene außerhalb der Matrix. Was Ihnen gut tut, kommt nicht von außen, denn letztlich kann niemand einen anderen Menschen heilen. Wenn Sie durch die neuen Lichtcodes eine Farbe wahrnehmen, dann ist es genau diese Frequenz, die in Ihr System strömt und Ihre Selbstheilungskräfte aktiviert. Das ständige Einschwingen auf die Frequenz dieser Farbe bringt dauerhafte Harmonie in Ihr System. Auch hier genügt es, im Alltag immer wieder kurz tief ein- und auszuatmen und diese Farbe zu visualisieren, um sich wieder auf das damit verbundene Bewusstsein einzustimmen.

Vielleicht überträgt Ihre Seele die empfangenen Lichtcodes auch in geometrische Formen, Buchstaben, Worte oder einfache *Symbole*, die Sie lediglich an die Schwingung Ihres erfüllten Herzenswunsches erinnern sollen. Wenn Ihnen diese Erinnerungsstütze jedoch sehr komplex und schwierig vorkommt und Sie Hieroglyphen sehen, mit denen Sie nichts anfangen können, kommt diese wohl eher nicht von der Seelenebene. Seien Sie also achtsam und spüren Sie vor allem den Schwingungen dessen, was Sie empfangen haben, ganz bewusst nach.

Galileo Galilei hat die Sprache des Kosmos und der Natur als mathematische Figuren empfangen, etwa als Dreiecke, Kreise, Quadrate etc. Die Lichtcodes sind immer reine Schwingungsfrequenzen, ihre Interpretation ist Sache des Empfängers. Es ist egal, ob es sich um eine Zahl, ein Symbol, eine Farbe, einen Ton, ein

Bild oder einfach um ein Gefühl handelt. Für Heilzwecke geht es um die Informationen der Schwingungen und ihre Auswirkungen auf das gesamte System. Hören Sie einfach mit dem Herzen zu, wenn Ihre Seele zu Ihnen spricht, und vertrauen Sie Ihren eigenen Wahrnehmungen.

Feedback von Klienten

Olivia

»Ich habe die ganze Nacht gespürt, wie die Energie in mir floss und jede Zelle sich neu eingeschwungen hat. Es war, als ob ich durch viele bekannte Situationen geführt wurde und dabei fühlte, dass meine Wahrnehmung und Emotionen sich verändert haben. Und trotzdem fühlte ich mich morgens erholt. Am nächsten Tag klingelte das Telefon und es kamen überraschend viele Anmeldungen für meinen Workshop und Anmeldungen für Einzelbehandlungen. Am Abend ging ich zum Netzwerk-Treffen *Frauen im Business* und fühlte mich sehr gut während meiner kurzen Vorstellung. Ich war nicht mehr nervös und hatte auch keine Angst mehr. Die Frauen kamen anschließend mit Fragen auf mich zu und baten sogar um Flyer. Es war alles so leicht und selbstverständlich!!! Ich danke dir von Herzen dafür, ich fühle mich himmlisch gut aufgehoben!!! Ach ja, die Traurigkeit ist auch weg!!!! Einfach weg!!!!! Ich fühle mich bestätigt und gestärkt!!!!«

Karin

»Am Tag nach meinem ersten Cosmic Recoding habe ich sofort eine Veränderung gespürt. Vier oder fünf Tage danach bin ich noch einmal durch einen ziemlich tiefen Prozess gegangen, was auch anstrengend war.

Was mir in diesen Tagen sehr geholfen hat, war die Zahl, die ich mir in der Behandlung merken sollte und die mich innerhalb von Sekundenbruchteilen wieder an mein Cosmic Recoding und an meine neue Schwingung erinnert hat, sodass ich sie sofort wieder fühlen konnte.

So kraftvoll und so wunderbar!!! Und immer das tiefe Wissen und das sichere Gefühl, dass sich seit der Behandlung alles geändert hat und dass dies auch so bleiben wird. In den Tagen danach hat es plötzlich »klick« gemacht und ich habe Frieden, Liebe, Freude, Ruhe und Leichtigkeit in mir gefunden und das Vertrauen, dass sich alles zum passenden Zeitpunkt auch im Außen zeigen wird. Ich spüre meine neue Schwingung, kann mich und meine neuen Lichtcodes sehen und fühlen, das Bewusstsein ist völlig anders … Liebe, Heilung und wahre Freiheit tragen mich …«

Tatjana

Tatjana stand kurz vor der Auswanderung in die USA. Sie hatte jedoch eine tief sitzende Angst vor Veränderungen, die sich wie Todesangst anfühlte. Diese destruktiven Informationen waren als Codes in ihrem Energiefeld gespeichert. Vor dem Cosmic Recoding sah ich mir ihr Energiefeld genauer an. Es sah aus, als stecke sie in einem riesigen Eisberg aus eingefrorenen Emotionen fest, aus dem sie allein einfach nicht herauskam. Wir baten die Engel, unsere energetischen Helfer, darum, den Transformationsprozess vorzubereiten und zu unterstützen. Sie wurde aus dem Eis befreit und energetisch aufgetaut. Durch das Decodieren beim Cosmic Recoding wurden die Angst-Codes gelöscht. Anschließend wurde ein Reset durchgeführt. Sie wurde mit neuen Informationen beziehungsweise kosmischen Codes versorgt, die in der DNS ihrer Zellen und damit in ihrem ganzen Energiefeld wirkten. Sie wurde immer ruhiger und ich konnte den Prozess in ihrem Energiefeld beobachten. Es war wie bei einer Schlange, die sich häutet und ihre alte Haut (Energiematrix) hinter sich lässt. Tatjana erlebte sich nicht mehr nur als physischen Körper, sondern auch als Energiefeld, das mit allem verbunden ist und besonders eng mit ihrem Mann, ihrer Katze und ihrem geliebten Pferd. Ihr wurde klar, dass sie in einem Feld der Liebe verbunden sind und trotz aller Veränderungen nie getrennt werden können.

Wie Tatjana später berichtete, hatte sie während der Behandlung plötzlich auf der physischen Ebene Kopfschmerzen, als das alte Gitter der Angst und andere Einschränkungen herausgelöst wurden. Diese Kopfschmerzen waren jedoch nur einen ganz kurzen Moment zu spüren. Sie erzählte mir hinterher, dass sie auch genau hatte spüren können, wie sich die energetischen Wurzeln, die sie in der alten Heimat festhielten, sanft auflösten. Sie nahm ihren Körper als fast unsichtbar wahr, weil sich die Schwingung so stark erhöht hatte. Sie sagte: »Ich fühle mich ganz anders, ganz neu. Die Angst ist weg, als wäre sie von meiner Festplatte gelöscht worden.« Ich erklärte ihr, dass andere Menschen darauf reagieren würden und dass manche von ihnen sie vielleicht gar nicht mehr sehen könnten, weil sie energetisch schon umgezogen sei. Sie fand das sehr amüsant und freute sich darüber. Während der Behandlung wurde sie gebeten, sich diese neue Frequenz gut zu merken, und sie wählte eine Farbe, die für sie diese neue Schwingungsfrequenz symbolisierte. Das half ihr in der Zeit des Umzugs und immer wenn sich der Kopf einzuschalten versuchte und verstehen wollte, was denn nun Realität ist. Dann tauchte sie einfach in ihre gewählte Farbe ein, in die Schwingungsfrequenz der wahren Freiheit.

Sabrina

»Die Behandlung am Dienstag hat mich viel klarer gemacht. In den anschließenden zwei Nächten, also von Dienstag auf Mittwoch und Mittwoch auf Donnerstag, hatte ich unruhige Phasen. Ich fühlte mich halb wach, war aber nicht wirklich wach. Ich spürte, dass gerade eine Menge passierte. In der Rückschau fühlt es sich an, als seien in diesen Nächten ganz viele Filme vor meinen inneren Augen abgelaufen. Beim Aufstehen hatte ich dann immer das Gefühl, dass in der Nacht ganz viel passiert war. Aber statt mich schlapp zu fühlen, war ich frischer, leichter und vor allem klarer und deutlich gestärkt.«

Nadja

»Ich mache die Übung mit dem Code, und sobald ich die Zahl sage, sehe ich eine geöffnete Tür. Es geht mir viel besser, ich habe viel mehr Kraft und weniger Angst. Das Cosmic Recoding hat auch in meiner Partnerschaft viel in Bewegung gebracht. Wir sind uns jetzt so nah wie schon lange nicht mehr.«

Simone

»Sofort nach der Behandlung spürte ich, dass so vieles an Programmen und Ego-Anteilen, was noch schmerzhaft war, einfach gelöscht worden war. Der ganze Energie-Schrott und Ego-Müll ist weg. Der Weg zurück ins Alte ist auch gelöscht. Das goldene Tor mit dem goldenen Siegel ist zu, ein für alle Mal und ich spüre das. Es ist ein tiefes Wissen.

Stattdessen ist jetzt ganz viel Liebe da und endlich auch Liebe für mich, und zwar so, wie ich bin. Freiheit, tiefer Frieden, Ruhe, große Dankbarkeit und ganz viel Platz für noch mehr Liebe und Wunder. Zu wissen und zu fühlen, dass ich ein Geschenk bin, einzigartig und wunderschön, in diesem wundervollen Bewusstsein zu sein, das ist so toll, so wunderwunderschön! So befreit, so erleichtert fühle ich mich. Ich kann gar nicht sagen, wie sehr … Und ich bin so unendlich dankbar, weil ich doch vorher so verzweifelt war, all diesen Ego-Müll zu sehen und zu spüren, ihn aber nicht transformieren zu können …

Und diese Frühlingsenergie spüre ich weiterhin, sogar noch mehr als sonst. Letzte Woche auf dem Weg zur Arbeit ging ich ein Stück durch den Nebel und die Kälte. Auf einmal wurde mir bewusst, dass ich sie gar nicht mehr spürte, weil in mir schon Frühling war. Dann »wachte ich auf« wie aus einem Traum und wunderte mich, wo der Nebel und der Winter plötzlich hergekommen waren.

Gleich am nächsten Tag hatte ich Gelegenheit, meine neue Zahl einzusetzen. Gott sei Dank gibt es sie. Bei der Arbeit war es sehr chaotisch. Die Patienten kamen zu früh, wollten aber alle sofort drankommen. Es fühlte sich ein bisschen nach einer Reaktion der Kontrollmatrix an. Um 10.30 Uhr war ich so sehr in der Stressenergie, dass ich wieder mal dachte, diese Arbeit habe mit Selbstliebe rein gar nichts zu tun – bis ich mich an meine neue Zahl erinnert habe und sofort wieder auf meine neue Frequenz einstimmen konnte.

Ähnlich war es am Wochenende in zwei Situationen mit meinen Eltern.

Mithilfe der Zahl kann ich mich in Sekundenschnelle wieder an den wunderschönen Ort begeben und bin raus aus der Matrix. Und das ist so erleichternd. Oft steigen mir Tränen in die Augen, wenn ich diese tiefe, unbeschreibliche Liebe empfinde und mir klar wird, dass auch ich das bin, diese Liebe …

Das hat transformierende Kraft. Ich bin dann ganz in dem Bewusstsein, dass alles auf diesem Planeten nichts als Illusion ist. Ich spüre, dass wir alle eins sind. Ich spüre die Puzzlesteinchen und das große Ganze und wie wichtig es ist, dass jeder strahlt und leuchtet und seinen besonderen Platz im göttlichen Plan hat. Alle sind gleich wichtig. Und ich spüre diese tiefe Verbundenheit.

Wenn ich dann am goldenen Tisch sitze und zurückschaue, sehe ich das goldene Tor mit dem Siegel, das nun für immer verschlossen ist. Es gibt endlich keinen Weg mehr zurück. Auch das berührt mich immer noch sehr und meine Dankbarkeit ist unendlich groß.

Die Frequenz der neuen Zahl fühlt sich ganz anders an als die der ersten nach der Heilbehandlung im September. Ich kann beide ganz deutlich voneinander unterscheiden. Beim Einstimmen morgens habe ich noch einmal ganz bewusst hineingefühlt. Die Schwingungsfrequenz der ersten Zahl fühlt sich an wie Starkstrom, ein Beben in mir, in meinem Energiefeld, in meinem physischen Körper, pure Lichtpower, ein Energiestrom wie aus der göttlichen Quelle und dabei ein pures Glücksgefühl. Und ich spüre die Kraft, die ich selbst bin ... Diese Frequenz hat nach wie vor transformierende Eigenschaften, wenn ich vorher müde oder gestresst war. Die Lichtenergie, die ich dabei sehe und fühle, ist gelbgold.

Die Schwingungsfrequenz der neuen Zahl ist ganz anders, aber genauso kraftvoll. Sie fühlt sich ganz sanft an und ist gleichzeitig enorm kraftvoll, so rein, so pur, so klar, reine Liebe, tiefer Frieden, tiefes Glücksgefühl, ja wahre Freiheit, tiefe Verbundenheit mit allem, was ist, und ein Einheitsgefühl. Das Gefühl und das Wissen, dass alles gut und in göttlicher Ordnung ist und dass das die Wahrheit ist, vollständig losgelöst von der Matrix, ein ganz anderes Bewusstsein ... Vielleicht darf ich in diesen Momenten einen ganz kurzen Blick darauf erhaschen, wie es sich vielleicht anfühlt, wenn das Menschsein schon mehr transzendiert ist. Amazing grace ... That's home ... Eine Erinnerung in meinem Herzen ... Die Wahrheit ...

Die Farbe der Lichtenergie, die mit dieser Schwingung verbunden ist, ist weiß und ganz fein, vielleicht wie Diamantenstaub ...

Von ganzem Herzen danke ich dir, Mother God, den Engeln und allen liebevollen Lichtwesen und himmlischen Helfern. Es sind Wunder geschehen, für die ich unendlich dankbar bin ...«

Eine Praxiswoche mit Cosmic Recoding

Wenn Sie regelmäßig Cosmic Recoding praktizieren, wird es Ihnen bald ganz normal vorkommen, dass in Ihrem Leben regelmäßig Wunder geschehen. Diese Wunder stellen sich ein, weil Sie in der Energie der Liebe schwingen. Ich empfehle Ihnen, ein Tagebuch darüber zu führen.

Damit Sie sehen, dass es sich lohnt, biete ich Ihnen an, probeweise eine Praxiswoche zu machen: sieben Tage, in denen Sie sich wirklich Zeit für sich nehmen. In denen Sie aussteigen aus der Alltagsmatrix und Nein sagen zu allen Ablenkungen des modernen Lebens wie Computer, Fernsehen, Telefon, Einkaufsbummel etc. Vielleicht gönnen Sie sich eine Woche Erholungsurlaub, fernab von allem. Verbringen Sie diese Zeit möglichst allein, also ohne Personen, die Ihren Wunsch nach Kontakt mit dem Kosmos vielleicht gar nicht verstehen würden. Sie können diesen Erholungsurlaub auch zu Hause machen. Dann sollten Sie den geliebten Menschen in Ihrem Leben allerdings vorher mitteilen, dass Sie nicht da sind, weil Sie auf eine innere Reise gehen. Für alle Erdenengel: Sie sind ausnahmsweise mal nicht für andere da, sondern nur für sich selber. Hurra!

Tag 1 – Die Ent-Scheidung

Heute lösen Sie sich von Energien, an die Sie sich gewöhnt haben, obwohl Sie wissen, dass sie Ihnen nicht gut tun. Das können bestimmte Essgewohnheiten oder Verhaltensweisen sein, die an Sucht grenzen oder schon zur Sucht geworden sind. Sie wissen vermutlich, was ich meine. Es geht um Ihr Verhältnis zu Dingen und Menschen, die Sie einschränken und belasten. Immer dann, wenn Sie sich insgeheim nicht nur über diese Dinge und Menschen, sondern auch über sich selbst ärgern, wissen Sie, dass Sie noch nicht frei sind.

Wenn Ihnen zu diesem Thema absolut nichts einfällt, ist es besorgniserregender, als Sie vielleicht annehmen, denn dann sind Sie sich dessen noch nicht einmal bewusst. Also bitte: Tauchen Sie ein in die Spielkiste der Ehrlichkeit sich selbst gegenüber und holen Sie raus, was dort nicht reingehört. Den Entschluss dazu können Sie nur selbst fassen. Wenn Sie dieses Buch aber schon bis hierher gelesen haben, klopft Ihre Seele an und steht vor der Tür, weil sie Ihnen die Hand reichen will. Ich ermutige Sie weiterzugehen und begleite Sie gern.

Wir alle tragen sie in uns, die inneren Fotoalben aus unserer Kindheit, aus den letzten Jahrzehnten. Viele der Bilder schauen wir uns gar nicht mehr an, auf manchen gefallen wir uns ganz und gar nicht. Andere wecken schöne Erinnerungen, und die können wir auch gern behalten. Es gibt sogar Bilder, die jemand anders in unser inneres Fotoalbum geschmuggelt hat und die dort absolut nicht reingehören. Sind Sie bereit zum Ausmisten? Und zum Entgiften?

Wenn Ihre innere Reise so angenehm wie möglich werden soll, empfehle ich Ihnen, Ihre Ernährung auf leichte, vegane Kost umzustellen und sich einen Reinigungs- beziehungsweise Entgiftungstee zu kaufen, von dem Sie am ersten Tag ein bis zwei kleine Tassen trinken und an den folgenden Tagen je nach Empfinden bis zu einem Liter. Zusätzlich bitte zwei Liter stilles Wasser trinken. Es kann sein, dass Ihr Darm mit intensiver Entleerung beginnt und dass sich auch Ihre Blase intensiv an der Ausleitung beteiligt, um die anderen Organe bei der Befreiung von Schlacken und Giften zu unterstützen. Kleiden Sie sich in angenehme Stoffe wie Baumwolle und nehmen Sie ein Bad mit Salz vom Toten Meer.

Machen Sie heute bitte nur den ersten Cosmic-Recoding-Schritt: Decodieren und löschen. Die Intention für heute ist, in Kontakt mit Ihrer Seele zu treten und der liebevollen Kraft Ihrer Seele zu erlauben, auf allen Ebenen und in allen Richtungen der Zeit und des Raumes die »inneren Fotoalben« auszumisten. Wenn Sie aktuell unter einem Krankheitssymptom leiden, sollte es auch Ihre Absicht sein, die Ursachen dafür zu transformieren. Alles, was nicht zu Ihrem besten Wohl und in Einklang mit Ihrer Seele ist, darf sich lösen – aus Ihrem Leben, aus Ihrem Körper, aus Ihrem Bewusstsein.

Decodieren und löschen

Suche dir einen stillen, angenehmen Ort und sorge dafür, dass du dich dort wohlfühlst. Schalte zunächst alle Stimmen ab, die deinen Namen rufen und irgendetwas von dir wollen. (Du kannst auch deinen Schutzengel einladen und ihn um energetische Ohrstöpsel bitten.) Atme tief ein und ganz aus und schließe die Augen. Du wirst ganz ruhig und gleitest in einen erholsamen, entspannten Bewusstseinszustand.

Nun schaust du in dein Herz und siehst, wie es ruhig und immer ruhiger schlägt. Dort ist ein Licht, das Licht deiner Seele. Du atmest weiter tief und ruhig und nimmst nun wahr, dass es Energien um dich herum gibt, die dich in irgendeiner Weise einengen, vielleicht sogar einschnüren und nicht loslassen wollen. Es spielt keine Rolle, von wem oder was diese Energien ausgehen, nimm einfach zur Kenntnis, dass es etwas gibt, was dich daran hindert, ganz frei zu sein.

Visualisiere über deinem Kopf einen hellen Stern. Er leuchtet und strahlt und symbolisiert deinen ganzen Kosmos. Es ist der Stern deiner Seele. Dieses Licht strahlt in deinen Kopf hinein und aktiviert jetzt deine Zirbeldrüse, dein drittes Auge. Auch die anderen Hormondrüsen und Entgiftungsorgane werden aktiviert. Erlaube nun dem strahlenden Licht deiner Seele, die alten Matrix-Energien mit den dazugehörigen Codes aus deinem Herzen und deinem ganzen System zu lösen und sie zu transformieren.

Vielleicht nimmst du jetzt eine große Lichtspirale in deinem Körper und in deinem Energiefeld wahr. Es ist ein goldener Lichtwirbel, der immer stärker wird, so stark wie nötig. Vielleicht wird er so stark wie ein Tornado. Nichts kann dich von nun an davon abhalten, auf eine höhere Bewusstseinsebene zu gehen. Alle Ketten werden gesprengt, alle Haken und Ösen entfernt, alle alten Verträge und Energien der Unfreiheit werden aufgelöst. Du spürst und siehst, wie das Licht deiner eigenen Seele immer größer wird. Neue Gedanken treten in dein Bewusstsein. *Ich bin der Schöpfer meines eigenen Lebens und entscheide mich für einen Neubeginn – zu meinem Wohl und zum besten Wohl aller.* Sieh, wie das goldene Licht deiner Seele dabei nach und nach alle alten Codierungen aus deinem System löscht. Du gibst über deine rechte Hand alles ab, was nicht wirklich zu dir gehört. Die Belastungen haben kein Gewicht mehr. Sie haben sich aufgelöst. Es ist nicht mehr schwer, sondern ganz leicht. Atme tief und ruhig weiter. Du beobachtest den Prozess und denkst dabei nur: *Decodieren und löschen.* Es wird immer leichter. Vielleicht ist ein großes Müllauto gekommen, das nun alle Gifte abtransportiert. Deine Seele weiß genau, was sie für dich tun kann.

Entspanne dich noch weiter, ruhe dich aus und geh an diesem Tag früh schlafen.

Die Decodierung wirkt ein bis zwei Tage aktiv nach.

Tag 2 – Aus der Matrix aussteigen

Es ist möglich, dass du tief und fest geschlafen hast. Es ist aber auch möglich, dass deine Nacht sehr unruhig war, weil deine Seele noch ganz eifrig weiter aufgeräumt hat. Vielleicht fühlst du dich frisch und klar, vielleicht bist du aber auch verkatert, was nur zeigt, dass Gifte gelöst wurden, die deinen Körper und dein System noch nicht ganz verlassen haben.

Du hast beschlossen, du selbst zu sein. Was ist das eigentlich? Du weißt es noch nicht, denn dieser Anspruch ist ganz neu. Ganz bewusst trittst du aus dem alten Film aus und lässt das Nichts zu, das zunächst einmal da ist. Du musst nichts machen, du darfst einfach sein. Du darfst du selbst sein. Bleibe bei dir und kümmere dich um dich selbst, denn kein anderer wird es tun. Und du brauchst auch niemanden anderen. Du bist aber auch nicht wirklich allein, denn die Einheit mit allem, was ist, besteht immer.

Denke jetzt an einen Baum, der fest in der Erde verwurzelt ist und daher immer an einem Ort steht, manchmal Hunderte von Jahren. In seinen Jahresringen sind die Energien der Geschichte gespeichert und bei dir auf der Seelenebene gibt es die Ringe der Erinnerung. Was war 1740? Was war 1901? Was war vor 3000 Jahren? Deine Seele hat diese Erinnerungen sicher gespeichert. Sie hat vieles gespeichert, worüber du dir nicht bewusst bist. Doch du kannst dieses Wissen abrufen.

Hast du heute schon deinen Tee getrunken und etwas Leichtes, Nahrhaftes gegessen? Hast du etwas in dein Tagebuch geschrieben? Zeigt dein Körper Entgiftungssymptome? Dann ist es gut.

Nun hattest du viel Zeit, dich auszuruhen, und wirst es weiter tun. Erlaube deinem Unterbewusstsein mithilfe deiner Seele, die störenden Energien auszuradieren, die deine Ahnen dir mitgegeben haben und die in deinem System eine krank machende Wirkung entfalten können.

Decodieren und löschen

Atme tief ein und ganz aus und entspanne dich. Du kannst es inzwischen schon recht gut und bist nach wenigen Atemzügen ganz ruhig. Du brauchst dich um nichts zu kümmern. Achte darauf, dass du weiterhin ungestört bist und es dir bequem gemacht hast.

Deine Eltern sind nicht da und doch sind sie in deinem Unterbewusstsein präsent. Deine Großeltern, ihre Eltern, andere Ahnen und Familienmitglieder sind nicht da, doch du bist in einem gemeinsamen Energiefeld mit ihnen verbunden. Die verbindende Energie der Liebe ist gewollt und wunderschön. Die in deinem System toxisch wirkenden Energien sind unerwünscht. Wir alle haben sie, mach dir darüber keine Gedanken. Du übernimmst nun bewusst die Verantwortung für dein Glück, deine Freiheit und dein Leben.

Du atmest weiter, tief und gelassen, und vertraust deiner Seele. Deine Seele ist Gottesenergie und so alt wie die Schöpfung selbst. Von Anfang an hat sie deine Erfahrungen gespeichert. Erlebe jetzt, wie die Energie deiner Seele feine Lichtcodes auf dich regnen lässt mit der Information: *Ich bin da für dich, Ich bin Liebe.* Wenn du bereit bist, gibst du deiner Seele den Auftrag, die Energien deiner Ahnen, die deine Freiheit einschränken und deine Gesundheit blockieren, aus deinem Unterbewusstsein und all deinen Zellen, aus deinem Hologramm zu löschen. Lass es geschehen und schließe die Augen.

Es ist möglich, dass du innere Bilder wahrnimmst, Stimmen oder Geräusche hörst, dass dabei ein ganzer Film vor deinem geistigen Auge abläuft oder dass gar keine Wahrnehmung vorhanden ist. Sieh, dass deine Seele die höchste Kraft der Liebe ist, die wie ein Magnet alle »geerbten« Dinge, die dich negativ steuern und vielleicht sogar manipulieren, aus deinem System zieht. Du hast ein Recht auf Freiheit. Es ist möglich, dass deine Engel dazukommen und beim Aufräumen helfen.

Danke deiner Seele und deinen himmlischen Helfern. Es ist

Zeit, das zu leben, was du wirklich bist. Dehne nun dein Bewusstsein aus und lass zu, dass mögliche Ängste ganz tief aus deinem Unterbewusstsein aufsteigen und vom Licht deiner Seele liebevoll transformiert werden. Alles, was wie ein dunkler Schatten war, auch alle limitierenden Versprechen, wird jetzt decodiert. Das ist ein längerer Prozess. Nimm dir Zeit dafür. Es ist in Ordnung, wenn du dabei einschläfst, deine Seele setzt den Prozess fort.

Am Ende dieses zweiten Tages fühlst du dich vielleicht ungewohnt leer, kannst aber richtig abschalten und schläfst in der Nacht auch tief und fest. Dein physischer Körper beginnt jetzt mit dem eigentlichen Heilungsprozess. Alle Zellen erinnern sich allmählich wieder an ihre ursprünglichen Aufgaben und führen sie aus. Der Stress und die Angespanntheit sind deutlich geringer geworden. Du bist weiter zu dir selbst unterwegs auf deiner inneren Reise. Es ist egal, wer du in einem früheren Leben warst und was du dort gemacht hast. Deine Seele ist weder gut noch schlecht, weder böse noch schuldig. Deine Seele ist Gottesenergie. Die verschiedenen Inkarnationen sind wie Rollen, die du gespielt hast. Du brauchst sie nicht mehr weiterzuspielen. Auch die Rollen, die du bisher in deiner heutigen Familie und in deinem Umfeld gespielt hast, sind ohne Bedeutung. Du bist nicht mehr darauf festgelegt, alles weiterhin so zu machen wie bisher. Du kannst frei wählen.

Tag 3 – Die freie Auswahl

Du wachst auf und siehst die Welt mit anderen Augen. Es hat sich viel verändert und irgendwie fühlt es sich ungewohnt an. Gut so! Hast du noch Reinigungstee?

Heute ist ein wichtiger Tag, der Tag der freien Auswahl. Du kannst nun wirklich frei entscheiden, was du manifestieren möchtest. Was nun noch fehlt, ist eine Vision.

Nimm ein großes weißes Blatt Papier und lege es bereit. Dein Kopf ist leer, dir fällt nichts ein. Gut so. Wenn du mit deinem Bewusstsein die Matrix verlassen hast, sind zunächst Leere und Weite gleichzeitig in dir vorhanden. Der ganze Kosmos steht dir zur Verfügung – mit allen seinen Möglichkeiten. Vielleicht ruhst du dich noch ein wenig aus und erlaubst deiner Seele, die Verbindung zum Kosmos herzustellen.

Setze dich ganz entspannt hin und lege deinen linken Arm neben deinen Körper. Die Handfläche zeigt geöffnet nach oben. Dein rechter Arm liegt auf der anderen Seite neben deinem Körper. Die rechte Handfläche zeigt nach unten – ganz bequem, so wie du dich wohlfühlst.

Reset und Download

Schließe nun die Augen und atme mehrmals tief ein und aus. Dein Kopf ist leer und auch dein Körper fühlt sich leer an. Du kannst das Licht deiner Seele nun sehen, sobald du die Augen zumachst. Deine Seele ist jetzt eine gute Bekannte, der du vertraust und die immer für dich da ist.

Sieh das strahlende Licht deiner Seele und werde ganz eins mit ihr, bis du genau spürst: *Ich bin die Seele. Ich bin die Liebe. Ich bin das Licht.* Bleibe in diesem Bewusstseinszustand und erlebe das Einssein mit deiner Seele. Ganz deutlich, ganz klar, ohne Zweifel. Nimm dann wahr, wie dein drittes Auge Lichtimpulse empfängt. Es sind Lichtimpulse aus dem Kosmos. Öffne und erweitere dein Bewusstsein noch mehr, so als würdest du einen großen Deckel auf deinem Kopf öffnen. Öffne gleichzeitig dein Herz und deine linke Handfläche. Spüre, wie kräftige, lichtvolle Energien in deinen Körper, in dein Energiefeld strömen. Wow, es wird warm und vibriert. Es sind Lichtcodes aus der göttlichen Quelle der Liebe und sie stimmen deine Seele auf die höchste Frequenz der Liebe ein. Dein Herz wird warm und weitet sich. Alle Zellen öffnen sich und lassen diese Lichtcodes in dein ganzes Wesen strömen. Kraftvoll und angenehm zugleich, absolut befreiend und grenzenlos. Die Lichtcodes sind wie winzige Sterne aus dem Kosmos, die nun in dir zu leuchten beginnen. Es ist ganz viel Energie, die dir nun zur Verfügung steht. Du kannst deine Seele bitten, diese Energie in das zu verwandeln, was dir gut tut, zu deinem besten Wohl und zum besten Wohl aller. Ohne Erwartungen beobachtest du, was sich vor deinem geistigen Auge zeigt und formiert. Vielleicht erkennst du, dass sich ein großer Herzenswunsch von dir erfüllt hat. Nimm wahr, wie sich das anfühlt. Solltest du etwas wahrnehmen, was bisher ein Problem für dich war, sieh nun, wie es sich in viele kleine Herzen auflöst. Die alten Lichtcodes des Problems verlassen dein System. Das Problem ist gelöst. Die Problemmatrix ist aufgelöst. Auch das kann ein erfüllter Herzenswunsch sein. Nimm nun die neuen Lichtcodes auf, die diese Information enthalten. Dein Herzenswunsch hat sich erfüllt. Nun erlebst du Dankbarkeit und Freude in deinem System. Du hast vielleicht schon lange darauf gewartet. Es ist so weit. Spüre die Wärme der Lichtcodes, die diese Energien nun in dein ganzes Hologramm, in dein Energiefeld, in deinen Körper ziehen.

Ich schwinge im Einklang mit meinem erfüllten Herzenswunsch. Alles in meinem Leben geht nun damit in Resonanz, ist alles, was du denkst und erlebst. Bleibe noch eine Weile bequem sitzen und lass diese Schwingung auf dich wirken.

Wenn dir deine Seele ein Zeichen gibt, eine Zahl, einen Ton, ein Symbol oder eine Farbe zeigt, ist es gut. Dann merkst du dir diese Zahl, den Ton, das Symbol oder die Farbe und notierst sie anschließend auf deinem Blatt Papier, wenn du möchtest. Falls du »nur« in der glücklichen Emotion der Erfüllung schwingst, ist es auch gut. Du hast deine Schöpfung gemeistert.

Tag 4 – Ein neuer Weg

Alles geht ganz einfach – das ist deine neue Erfahrung. Das Tor zu deiner Seele, das Tor zum Kosmos ist geöffnet. Ein neuer Weg hat sich eröffnet, auf dem du aus Dankbarkeit und Liebe noch mehr Wunder vollbringen kannst, für dich und später auch für andere. Es ist möglich, dass du noch ein paar Zweifel hast und Ängste noch von irgendwoher auftauchen. Nimm ein Bad mit Salz vom Toten Meer. Trinke deinen Reinigungstee und lade dein Trinkwasser mit der Energie der Liebe auf, mit deiner neuen Schwingung.

Hinweis: Das Aufladen des Trinkwassers geht ganz einfach. Du nimmst das mit Wasser gefüllte Glas in beide Hände und sendest die Energie der Liebe aus deinem Herzen über die Handflächen in das Wasser (ein bis zwei Minuten). Die Information ist angekommen. Deine Schwingung hat sich auf das Wasser übertragen. Erinnere dich und spüre sofort die Wärme in dir und die Schwingung der Erfüllung. *Ich bin ein Meister meiner selbst. Nur darum geht es auf meinem lichtvollen Weg.*

Reset und Download

Ruh dich nun noch ein wenig aus, mach ein Fenster auf und lass frische Luft herein. Atme tief ein und aus. Beim Ausatmen atmest du Energie aus deinem Herzen. Du pustest dabei hörbar und sendest die Liebe deines Herzens mit der Energie deines erfüllten Herzenswunsches hinaus. Hinaus aus dem Raum, hinaus ins Universum, hinaus in den Kosmos.

Nun schließt du das Fenster wieder und begibst dich in eine bequeme Sitzhaltung. Du legst beide Hände locker in den Schoss und schließt die Augen. Dein Atem fließt ganz ruhig. Du bist entspannt. Konzentriere dich nun auf dein Herz und sieh, dass es mit strahlend goldener Energie erfüllt ist. Es ist die Energie des

Glücks über deinen erfüllten Herzenswunsch. Es sind die Lichtcodes, die du in deinem ganzen Wesen gespeichert hast.

Sieh nun, wie von deinem Herzen Energiewellen ausströmen. Sie strömen aus deinem physischen Körper in den Raum und durch das Fenster ins Universum, in den Kosmos. Deine Signale werden genau da ankommen, wo deine Frequenz auf Resonanz stößt. Lass die Energie weiter strömen und sende dein Licht aus. Deine Energieströme fließen zu allem und jedem, was du liebst, auch wenn du noch nicht bewusst weißt, was oder wer das ist. Es passiert ganz automatisch und kommt genau da an. Wie der Duft eines Kuchens, der in die Nase steigt und Appetit macht, schweben deine Signale nun zu den Energiefeldern (auch zu den Personen), die mit dir in Resonanz gehen. Ah, wie angenehm. Unwiderstehlich wie der Duft eines frisch gebackenen Kuchens.

Spüre jetzt, wie du eine Antwort aus dem Kosmos bekommst. Ganz leicht empfängst du nun die Antwort auf deine Signale.

Erlaube ich mir, wirklich anzunehmen, was an Wundervollem in mein Leben kommen möchte?
Stell dir diese Frage und lade dann die fehlenden Schlüssel, die Lichtcodes, dazu in dein System, damit du dich nicht selbst blockierst, wenn es um das Annehmen dieser Wunder geht, der Antworten des Kosmos für dich.

Nimm wahr, dass Lichtcodes in dein System gelangen, die wie winzig kleine Schlüssel aussehen. Sie öffnen alle Schlösser, die du unbewusst angebracht hast. Sie öffnen alle Zellen deines Körpers, damit sie gut funktionieren. Sie öffnen dein Herz, damit du Dinge und Menschen annehmen kannst, denn das hast du bisher noch nicht so viel geübt. Du bist nun bereit, ein größeres Wunder in deinem Leben geschehen zu lassen. Alle Ampeln stehen auf Grün. Die Stoppschilder wurden transformiert. Ich erlaube mir, alle Geschenke anzunehmen, die der Schwingung meiner Seele und meines Bewusstseins entsprechen. Meine eigene Handbremse (auch die zu meiner Heilung) ist nun gelöst.

Tag 5 – Die Lichtcodes integrieren

Die Veränderung ist da. Es ist keine Einbildung. Vielleicht ist sie sichtbar, vielleicht ist sie noch unsichtbar. Es ist ein bisschen wie schwanger sein – ohne Frage ein wundervolles Ergebnis der Schöpfung. Ist deine neue Schöpfung nach ein paar Tagen für alle sichtbar oder fühlbar? Manchmal ja, manchmal nein. Es besteht jedoch kein Zweifel, dass sich dein Körper und dein ganzes System in einem positiven Veränderungsprozess befinden. Wird man das Ergebnis deiner Schöpfung in neun Monaten sehen? Ganz sicher, sogar schon viel eher. Es ist hilfreich, deinem Schöpfungsprozess auch weiterhin energetische Unterstützung zukommen zu lassen, besonders wenn einschleichende Zweifel und andere Energien dich von deinem Glück abhalten wollen. Das können auch Freunde und Familienmitglieder sein, die nicht mit dir auf der gleichen Wellenlänge schwingen.

Heute und in den nächsten beiden Tagen geht es um das Integrieren der neuen Lichtcodes und der damit verbundenen Schwingung. Sei ganz sicher, die lichtvollen Samen sind gesät und können sich in einem für dich angenehmen Tempo weiterentwickeln. Hast du schon etwas in dein Tagebuch geschrieben? Hast du deinen Reinigungstee getrunken und deinen Körper liebevoll mit frischer Nahrung versorgt?

Download und Integration

Erinnere dich: *Ich bin Liebe. Meine Seelenessenz ist Liebe. Ich bin die Schöpferkraft. Nichts ist stärker als meine Liebe.*

Begib dich in eine tiefe Stille. Du hast die Augen geschlossen, atmest bewusst und spürst die Verbindung zu deiner Seele. Das Licht deiner Seele füllt den ganzen Raum, auch den von dir wahrgenommenen physischen Körper. Du weißt, dass Wunder möglich sind, weil dein Bewusstsein Energie transformieren und neu formen kann.

Erkenne den hellen Lichtstern in deinem dritten Auge. Das Licht füllt den ganzen Raum deines Kopfes, der sich nach oben hin öffnet und die Form eines Trichters annimmt. Du bist nun auf Empfang. Vielleicht hörst du einen leisen Ton oder erinnerst dich an die Schöpfungszahl, die du an Tag 3 erhalten hast.

Erlaube dir nun, tiefer in den Kosmos einzutauchen. Er ist im Außen wie im Innern – je nachdem, wo du hinschauen magst. Begib dich zum Hologramm deines erfüllten Herzenswunsches. Betrachte das Bild von allen Seiten und spüre sofort wieder die Freude, die du dabei empfindest. Öffne nun die linke Hand und empfange die Lichtcodes und die Schwingungen deiner Schöpfung. Genau wie du jeden Tag die Strahlen der Sonne genießen kannst, kannst du auch die Schwingungen deiner Lichtcodes genießen. Vielleicht hat eine deiner Zellen die Information vor lauter Arbeit kurzzeitig vergessen. Die Lichtcodes strömen in dein ganzes Wesen und stellen sicher, dass sich alle Zellen und dein ganzes Leben auf die neue Information und Schwingung einstellen.

Schau genau hin. Deine Zellen sind so lichtvoll, dass man sich darin spiegeln kann. Du siehst, dass sich das Bild deines erfüllten Herzenswunsches in allen deinen Zellen spiegelt. Es ist schön und schillernd. Vielleicht leuchten Farben, vielleicht strahlen positive Emotionen in deinem System. Lass den Energiefluss zu und sei dankbar für den Segen der göttlichen Schöpfung. Es ist friedlich in dir. Du bist wunschlos glücklich. Dein Herzenswunsch hat sich erfüllt. Die goldene Saat der Lichtcodes geht auf und noch mehr von dem, was du jetzt ausstrahlst, wird in dein Leben kommen.

Tag 6 – Eine neue Vision

Du fragst dich, ob du heute noch ein anderes Cosmic Recoding durchführen kannst, wenn du ein weiteres Wunder manifestieren willst. Wenn du dich gut fühlst und sich deine Schöpfung von Tag 3 deutlich bemerkbar macht, kannst du ein weiteres Cosmic Recoding anschließen. Wenn dies noch nicht der Fall ist, solltest du unbedingt in der Schwingung des ersten Cosmic Recoding bleiben und die Integration des Downloads von Tag 5 wiederholen. Manchmal dauert es Tage, Wochen oder Monate, bis deine Schöpfung deutlich sichtbar ist. Der Vergleich mit der Schwangerschaft ist hier sehr hilfreich. Man versucht ja auch nicht, schon in der ersten Schwangerschaftswoche ein weiteres Baby zu empfangen. Bleibe in deiner neuen Schwingung, in deinem eigenen Schöpfungstempo.

Das Cosmic Recoding ist jedoch ausbaufähig. Das heißt, wenn du einen Herzenswunsch manifestiert hast und damit »schwanger« gehst, kannst du ein weiteres Cosmic Recoding anhängen, das eine unmittelbare Verbindung dazu hat. Das ist dann etwa so, als würdest du ein Kabel in die Steckdose stecken (Energiequelle Seele) und eine Verlängerungsschnur dazwischenschalten, bevor du den Stecker der Lampe einsteckst, damit sie leuchtet. Die Verlängerung eines Cosmic Recoding wäre – um bei dem Schwangerschaftsvergleich zu bleiben – etwa die Schöpfung eines Kinderwagens, der auf einer ganz ähnlichen Energiewelle schwingt und das »CRC-Baby« entsprechend unterstützt. So wie ein Lieblingssender im Radio immer ähnliche Lieder eines Genres spielt und Blasmusik, Rock, Pop und Klassik nicht wild durcheinandermischt, bleibt auch hier die Frequenz gleich. Alles andere wäre chaotisch.

Du kannst die CD *Cosmic Recoding – Das Praxisprogramm* zur Hilfe nehmen und die Abendübung »Schlafe gut, von Stress befreit« machen, die auch im Anschluss an diese Praxiswoche immer dann hilfreich ist, wenn du leicht in die Schwingung deiner geschaffenen Welt kommen willst.

Welche Vision, welches Wunder entspricht nun einer ähnlichen Schöpfung? Bist du bereit für ein weiteres Cosmic Recoding?

Lege ein großes weißes Blatt Papier bereit. Dein Kopf ist leer, aber dir fällt spontan etwas ein. Gut so. Schreibe es auf und lass es los. Lass dir von deiner Seele zeigen, welcher Herzenswunsch für das nächste Cosmic Recoding dran ist. Du kannst auch jederzeit die Lichtkugel als holografisches Bild verwenden.

Setze dich ganz entspannt hin und lege deinen linken Arm neben deinen Körper, die Handfläche zeigt geöffnet nach oben. Dein rechter Arm liegt auf der anderen Seite neben dem Körper, die rechte Handfläche zeigt nach unten – ganz bequem, so wie du dich wohlfühlst.

Geh mit deinem Bewusstsein in dein Herz und schließe die Augen. Atme weiter tief und ruhig und nimm nun wahr, dass es Energien gibt, die bisher verhindert haben, dass dieses Wunder, nach dem sich deine Seele sehnt, manifestiert werden konnte. Es ist ganz egal, woher diese Energien kommen. Spüre einfach, dass es etwas gibt, was dich davon abhält, ganz erfüllt und frei zu sein.

Visualisiere über deinem Kopf einen hellen Stern. Er leuchtet und strahlt und symbolisiert deinen ganzen Kosmos. Es ist der Stern deiner Seele. Sein Licht strahlt in deinen Kopf und aktiviert jetzt deine Zirbeldrüse, dein drittes Auge. Auch die anderen Hormondrüsen und Entgiftungsorgane werden aktiviert. Erlaube dem strahlenden Licht deiner Seele nun, die alten, blockierenden Matrix-Energien und die dazugehörigen Codes aus deinem Herzen und deinem ganzen System zu lösen und zu transformieren. Vielleicht siehst du, wie Energien aus deiner rechten Hand dein System verlassen. Denke einfach: *Decodieren und löschen*. Lass dir Zeit dabei.

Wenn du mit deinem Bewusstsein die Matrix verlassen hast, sind zunächst Leere und Weite gleichzeitig in dir vorhanden. Der ganze Kosmos mit allen seinen Möglichkeiten steht dir zur Verfügung. Vielleicht ruhst du dich noch ein wenig aus und erlaubst deiner Seele, eine noch intensivere Verbindung zum Kosmos herzustellen.

Download und Integration

Nimm wahr, wie dein drittes Auge Lichtimpulse empfängt. Es sind Lichtimpulse aus dem Kosmos. Öffne und erweitere dein Bewusstsein noch mehr, als würdest du einen großen Deckel auf deinem Kopf öffnen. Öffne gleichzeitig dein Herz und deine linke Handfläche. Spüre, wie kräftige, lichtvolle Energien in deinen Körper, in dein Energiefeld strömen.

Wow, es wird warm und vibriert. Es sind Lichtcodes aus der göttlichen Quelle der Liebe und sie stimmen deine Seele auf die höchste Frequenz der Liebe ein. Dein Herz wird warm und weitet sich. Alle Zellen öffnen sich und lassen diese Lichtcodes in dein ganzes Wesen strömen. Kraftvoll und angenehm zugleich, absolut befreiend und grenzenlos. Die Lichtcodes sind wie winzige Sterne aus dem Kosmos, die nun in dir zu leuchten beginnen. Es ist ganz viel Energie, die dir nun zur Verfügung steht. Du kannst deine Seele bitten, diese Energie in den Herzenswunsch zu verwandeln, der dir gut tut, zu deinem besten Wohl und zum besten Wohl aller.

Nimm nun ein holografisches Bild wahr. Schau es dir von allen Seiten an. Erlebe nun die Erfüllung deines Herzenswunsches. Vielleicht ist dieser Herzenswunsch eine Überraschung für dich. Spüre die Schwingung dieses Wunders und lass den Download der Informationen zu.

Es ist möglich, dass die Schwingung ganz deutlich wahrnehmbar ist. Vielleicht gibt es auch körperliche Reaktionen. Bleibe entspannt und erlebe die Integration dieser neuen Lichtcodes. Tauche ganz ein in das holografische Bild, von dem du selbst ein

Teil bist. Werde eins mit diesem Bild. Das Bild ist in dir. Es ist nun kein Bild mehr. Es ist deine Realität. Lass seine kraftvolle Wirkung zu.

Wenn du nun einen neuen Zahlencode empfängst, merke ihn dir. Er ist eine Abkürzung, die dein Bewusstsein nehmen kann, um zu dieser neuen, hohen Schwingung zu gelangen. Wenn es eine Farbe ist, dann lass sie in dir fließen und schwinge in dieser Frequenz. Wenn du ein Kleidungsstück in dieser Farbe besitzt, kannst du es morgen anziehen.

Tag 7 – Ich bin Liebe. Ich bin Licht.

Ist dies schon der letzte Tag? Auf gar keinen Fall. Cosmic Recoding ist dein neuer Lebensstil, denn es macht Spaß, Wunder zu manifestieren und Schöpfer in diesem Spiel ohne Grenzen zu sein. Wenn du dauerhaft glücklich und gesund sein möchtest, beginnst du jede Woche ganz bewusst mit deinem Cosmic-Recoding-Programm und nimmst dir die Zeit, die du brauchst, um dich auf die Frequenz einzuschwingen, die dir gut tut.

Jeder Künstler stimmt sein Instrument, bevor er ein Lied darauf spielt. Er würde nie auf die Idee kommen zu sagen: »Ach, das habe ich doch schon vor ein paar Monaten gemacht und jetzt klingen die Saiten meiner Gitarre schon wieder schräg. Hat wohl nicht funktioniert …« Du bist das Instrument, der Resonanzkörper für die Energie der Liebe. Alles ist möglich, Wunder geschehen jeden Tag – besonders dann, wenn man sie selbst bewusst kreiert.

Heute lernst du, eine unbewusste Schöpfung zu vermeiden beziehungsweise einer Krankheit vorzubeugen, die dir vielleicht nicht sofort, aber nach einiger Zeit Schwierigkeiten bereiten könnte. Es geht um die Stärkung deines Immunsystems, das auf der körperlichen, der energetischen, der mentalen, der spirituellen und der geistigen Ebene wirkt. Erinnere dich, deine verschiedenen Körper sind nicht voneinander getrennt. Erinnere dich, dass deine Zellen kristalline Informationsspeicher sind. So wie ein Kristall Informationen aufnimmt und weiterleitet, nehmen deine Zellen Informationen aus ihrem Umfeld auf (Epigenetik). Cosmic Recoding bietet eine Möglichkeit, in deinem Feld aufzuräumen, *bevor* es zu gesundheitlichen Störungen oder Schwierigkeiten kommt. Ich nenne sie das CRC-Defragmentierungsprogramm.

CRC-Defragmentierungsprogramm

Atme tief ein und ganz aus und mach es dir bequem. Du kannst dich leicht entspannen und ganz auf die Regelmäßigkeit deines Herzschlages konzentrieren. Du hast die Augen geschlossen und siehst das strahlende Licht deiner Seele, das in deinem Herzen leuchtet. Tauche ein in das Licht und dehne es mit jedem Atemzug weiter aus, bis du in dem Bewusstsein angekommen bist: *Ich bin Licht. Ich bin Liebe.* Alles ist golden und hell. Deine Seele sendet jetzt einen hellen Laserstrahl aus, der sich kreisförmig in deinem Feld dreht. Vergleiche es mit einem Radarsignal, das ein Feld nach Flugzeugen oder anderen Objekten absucht. So funktioniert auch das Radarsignal deiner Seele. Es strahlt durch alle Körper. Deine Seele hat eine hohe Schwingung, und das Gesetz der Resonanz zeigt auch Fehlinformationen und Störungen in deinem Feld an, die nicht in Harmonie mit deiner liebevollen Grundschwingung sind. Sieh, wie das Lichtsignal einen Strahl bildet und dein Feld nach ungebetenen Codes abtastet, die wie Eindringlinge in einen Luftraum sichtbar gemacht werden können. Bleibt alles klar und unauffällig, kannst du deine Beobachtung abschließen und dich entspannen.

Sollte auf deinem inneren Bildschirm etwas auftauchen, das für dich unangenehm oder bedrohlich schwingt, machst du dich bereit für das CRC-Defragmentierungsprogramm.

Mit deinem Bewusstsein setzt du die Intention, alle Codes zu defragmentieren und zu transformieren, die störend und krank machend auf dein System wirken. Sieh, wie große Schallwellen von deinem Herzen, von deiner Seele ausgesendet werden. Es sind kraftvolle Wellen mit der Information *Defragmentierung*. Bei diesen Wellen handelt es sich um hohe Energien der Liebe, die so kraftvoll sind, dass sich nur lichtvolle Informationen mit gleicher Schwingung daneben halten können. Alles potenziell Schädliche löst sich auf. Du spürst: *Ich bin Liebe. Meine Seelenessenz ist Liebe. Ich bin die Schöpferkraft. Nichts ist stärker als meine Liebe.*

Es kann sein, dass dir dabei ganz heiß wird, weil Energien transformiert werden. Mit enormer Schnelligkeit werden Abweichungen vom ursprünglichen Informationscode erkannt und repariert. Das heißt, auch der Körper wird geheilt.

Dein Seelenradar dreht sich weiter, und du kannst nun beobachten, wie sich die »feindlichen« Energien in ihre Bestandteile auflösen oder entfernen. Sie werden wieder zu neutralen Codes und empfangen von deiner Seele die Recodierung mit der Information *Liebe*.

Nun nehmen diese transformierten Energien durch die Recodierung deine Seelenschwingung an und können wieder integriert werden. So wie Buddha die schwarzen Pfeile seiner Feinde in weiße Blütenblätter verwandelt hat, verwandelt die Energie deiner Seele Disharmonie in Harmonie. Du kannst dich ausruhen. Vermeintliche Feinde sind nun zu neuen Freunden geworden.

Krankheit ist eine Disharmonie der Schwingungsmuster. Es geht darum, die Harmonie wiederherzustellen.

Die Praxiswoche bildet ein stabiles Fundament für Ihr Leben mit Cosmic Recoding. Entscheidend für Ihre Lebensqualität ist, dass Sie das Cosmic Recoding regelmäßig anwenden. Viele Menschen fühlen sich nach dem Cosmic Recoding sofort deutlich besser als zuvor und erleben Spontanheilungen, bei anderen dauert es etwas länger. Alles, was Sie auf der Bewusstseinsebene bewirken, ist sehr kraftvoll und die Ergebnisse werden auch in Ihrem Umfeld sehr schnell deutlich sichtbar werden. Dabei ist es egal, ob Sie vorher woanders nach Antworten gesucht haben, vielleicht auch in einer bestimmten religiösen oder spirituellen Gemeinschaft engagiert waren. Ziel aller Einweihungswege ist es, eins zu werden mit der Energie der Liebe, der Seele und dem Kosmos. Wer das erreicht hat, kann täglich Wunder vollbringen und alle vermeintlichen Hindernisse überwinden.

Schlüssel zu guter Gesundheit

Maja war Abteilungsleiterin in einer größeren Firma. Sie lebte allein und ging morgens schon um fünf Uhr aus dem Haus und ins Fitnessstudio. Pünktlich um halb acht war sie im Büro und abends ging sie als Letzte nach Hause. Den ganzen Tag über hatte sie keine Zeit, etwas zu essen, und abends war sie oft zu müde zum Kochen. Meistens machte sie eine Dose auf oder aß ein Fertiggericht aus der Mikrowelle. Ihr Körper war super gestresst und protestierte mit Haarausfall, Hautausschlag und regelmäßigen Mandelentzündungen. Maja achtete nicht auf diese Zeichen, bis sie eines Abends im Nebel eine Ampel übersah, mit ihrem Cabriolet über die Kreuzung fuhr und mit einem anderen Pkw zusammenprallte. Mit Gehirnerschütterung, gebrochenen Knochen und inneren Verletzungen wurde sie ins Krankenhaus eingeliefert und kam erst nach sechs Tagen auf der Intensivstation wieder zu Bewusstsein.

Doch es war ihr altes Bewusstsein, das sie in diese Misere gebracht hatte. Die Angst, nicht gut genug zu sein, ließ sie nach Perfektionismus und Anerkennung streben. Dabei war sie gnadenlos zu sich selbst und bereit, alles zu geben, um Haaresbreite sogar ihr Leben. Es dauerte eine Weile, bis sie wieder laufen lernte. Die lange Zeit in der Rehaklinik machte sie fast wahnsinnig.

Jeden Tag hatte sie Wutanfälle und Heulkrämpfe, weil ihr Körper einfach nicht machte, was sie von ihm verlangte.

Ihre einzige Jugendfreundin besuchte sie in dieser Zeit. Sie hatte zwei Kinder, war glücklich verheiratet und arbeitete mit freier Zeiteinteilung von zu Hause aus als Quantum-Engel-Heilerin. Sie unterstütze Maja bei ihrem Genesungsprozess, fand aber schnell heraus, dass ihre ungeduldige Freundin davon ausging, andere seien für ihre Gesundheit verantwortlich: die Ärzte, die Engel, ihre Freundin, nur sie selbst nicht! In einem längeren Gespräch erklärte ihr die hilfreiche Freundin, dass die Heilkraft ihrer Seele und die Möglichkeit, Cosmic Recoding täglich anzuwenden, der Schlüssel zu ihrer Genesung sei.

Zunächst reagierte Maja zaghaft und skeptisch, doch schließlich willigte sie ein, das oben ausgeführte Sieben-Tage-Praxisprogramm zu durchlaufen. Am schwersten fiel ihr die Erkenntnis, dass sie keine Schuld an dem Unfall hatte und dass sie die Liebe, die sie stets im Außen gesucht hatte, in sich trug.

Das Decodieren ihrer destruktiven Programme ging sehr tief. Sie konnte die Wut auf ihren Vater lösen, der in ihrer Kindheit nie zu Hause gewesen war, weil er so viel arbeitete. Sie konnte ihrer Mutter verzeihen, die schließlich die Scheidung eingereicht hatte, und ihrem Bruder, der sich mitten im Studium aus scheinbar unerklärlichen Gründen von einem Hochhaus gestürzt hatte. Die unterdrückten Gefühle der Wut, des Hasses, der Sehnsucht und der Verzweiflung konnten transformiert werden. Körperlich fühlte es sich für Maja an, als hätte sie endlich einen riesigen Kloß ausgespuckt, der ihr jahrelang im Magen gelegen und ihren Appetit eingeschränkt hatte. Sie begann ganz bewusst wieder zu essen. Insgeheim wünschte sich Maja auch ein Leben, wie ihre Freundin es hatte. Also begann sie, sich selbst in diesem glücklichen Hologramm zu sehen, und lernte, die entsprechenden Lichtcodes zu integrieren. Nach sieben Tagen Cosmic Recoding war sie zwar immer noch in der Reha, aber es ging ihr deutlich besser.

Maja hatte endlich verstanden, dass sie sich selbst die Zukunft schaffen konnte, die sie sich wünschte. Durch Cosmic Recoding erlebte sie ihre Zukunft in der Gegenwart und konnte alles im Hologramm beobachten. Ihre Zellen begannen sich neu zu organisieren, die Gene erhielten die Signale der neuen Lichtcodes und der Körper konnte schneller heilen.

Die Ärzte stellten enorme Fortschritte bei ihr fest. Ihre Blutwerte verbesserten sich, die Schmerzen waren nach zwei Wochen verschwunden, sie konnte wieder ohne Krücken schmerzfrei gehen und einen Monat früher als gedacht aus der Klinik entlassen werden. Für die Ärzte war es ein Wunder.

Maja hatte sich verändert. Sie war insgesamt ruhiger, lebte bewusster und ging auch nicht wieder in ihre alte Firma zurück. Sie praktizierte jeden Tag Cosmic Recoding, machte Yoga und besuchte einen Kurs für ayurvedisches Kochen. Dort lernte sie Matthias kennen, der ein Tierheim leitete. Sie freundeten sich an und hatten viele gute Gespräche. Maja besuchte ihn öfter im Tierheim und begann nach ihrer wunderbaren Genesung dort zu helfen. Bei einer Nachuntersuchung acht Monate nach dem Unfall waren die Bruchstellen in den Knochen auf den Röntgenbildern kaum noch sichtbar. Maja hatte ihre Emotionen und ihren Körper geheilt und wandte Cosmic Recoding nun auch bei den Tieren im Tierheim an. Nach einem Jahr war sie bereit für eine Partnerschaft mit Matthias, der mit Engelsgeduld darauf gewartet hatte.

Die wichtigsten CRC-Schlüssel zur Gesundheit

▷ Akzeptieren der schwierigen Situation
▷ Befreiung von Schuldgefühlen
▷ Aussöhnung mit Familienereignissen
▷ Transformation von Blockaden

- Loslassen der Vergangenheit
- Befreiung von Zukunftsangst
- Bewusstheit in der Gegenwart
- Geduld
- Selbstliebe
- Annehmen von Hilfe
- Befreiung von Stress
- Eigenverantwortung
- Veränderung des Umfeldes
- Schwingungserhöhung
- Neuprogrammierung von Energiekörper und Zellen
- Manifestierung der Herzenswünsche
- Dankbarkeit
- Sinnfindung im Alltag
- Mitgefühl
- Hilfsbereitschaft
- Gelebte Liebe
- Glückliche Partnerschaft

Ich habe sehr viel Mitgefühl für die Menschen, die seit Jahren an einer schweren Krankheit leiden oder schwere emotionale Krisen bewältigen müssen. Doch hat sich immer wieder gezeigt:

 Jede Notsituation bietet die große Chance zur Erneuerung.

Schlüssel zu liebevollen Partnerschaften

Karin war Ende vierzig, als ihr Mann sie und die drei Kinder wegen einer anderen Frau verließ. Sie dachte, sie hätte in ihrer Ehe alles richtig gemacht, und stand jetzt vor einem Scherbenhaufen. Die gemeinsam aufgebaute Arztpraxis in Köln, in der sie an vier Wochentagen mithalf, das große Haus mit Garten, das sie in Schuss hielt, die Schwiegermutter, um die sie sich kümmerte, die Kinder und die Haustiere, für die sie rund um die Uhr im Einsatz war – all das drehte sich in ihrem Kopf und sie bekam Migräne- und Schwindelanfälle. »Mir geht es richtig schlecht«, sagte sie bei unserem ersten Termin. Nachdem sie ihre intensiven Weinkrämpfe überstanden hatte und wieder aufnahmefähig war, führten wir ein Cosmic Recoding durch. Sie reagierte schnell und spürte den großen Unterschied danach sofort. Zunächst machte sie in ihrem eigenen Tempo die zehn Bewusstseinsübungen/Entdeckungsreisen und kam so in Kontakt mit ihrer Seele und dem Kosmos. Dann machte sie selbstständig das Sieben-Tage-Praxisprogramm.

Für den ersten Schritt, das Decodieren und löschen, nahm sie sich besonders viel Zeit. Es war erstaunlich, wie viele Glaubensmuster zum Vorschein kamen, an denen sie sich in ihren zwanzig Ehejahren orientiert hatte. Karin hatte von ihrer Mutter gelernt, alles zu tun, was ihr Ehemann von ihr verlangte – wie eine Dienerin oder Sklavin. Das galt für ihre Mithilfe in der Praxis genauso wie für ihre Leistung im Haushalt – aber ganz besonders für ihre Duldsamkeit im Schlafzimmer. Schon zu Beginn ihrer Ehe hatte sie kaum ausgehalten, was ihr Mann sexuell von ihr verlangte. Ihre Schwangerschaften hatten ihr geholfen, sich körperlich zurückzuziehen und immer neue Ausreden zu finden, um nicht tun zu müssen, was er einforderte. Ihr Mann hatte vor Jahren angefangen, sie zu betrügen, und sie hatte geschwiegen, um ihre Familie zu retten.

Karin lebte wie viele Menschen in einer Illusion. Sie wusste nicht wirklich, was eine liebevolle Partnerschaft bedeutet. Für die Heilung ihres Herzens empfahl ich ihr mein Buch *Quantum-Engel-Liebe* und die dazugehörige CD, denn es fiel ihr schwer, beim Cosmic Recoding Liebe zu empfinden. Sie wusste seit ihrer Jugend nicht mehr, wie sich Liebe anfühlt. Während des Decodierens kamen auch immer wieder Bilder von ihrem ersten Freund hoch, der nach einem Kopfsprung in einen Badesee ertrunken war. Sie glaubte, sie sei für dieses Unglück verantwortlich gewesen. Darauf folgte die Selbstbestrafungsehe mit ihrem Mann. Das Decodieren half ihr, diese ganzen dichten Energien nach und nach zu transformieren – bis sie deutlich spürte, dass ihr Herz wieder frei und lichtvoll war.

Sie lernte, sich in ihrem eigenen Körper wieder wohlzufühlen. Die Migräne und die Schwindelgefühle waren längst verschwunden. Durch das Integrieren der Lichtcodes fühlte sie sich von Tag zu Tag wohler und begann das zu tun, was sich für sie gut anfühlte. Sie lernte ihre eigenen Wünsche und Bedürfnisse kennen und erlaubte sich, diese auch zu erfüllen. Karin fing an, sich weiblicher zu kleiden und wagte auch mal einen tieferen Ausschnitt und höhere Schuhe, was ihr früher Angst gemacht hatte. Allmählich entdeckte sie ihre eigene Sexualität. Da sie mit ihren Kindern immer noch viel zu tun hatte und sich auch nicht im

Internet auf Partnersuche begeben wollte, visualisierte sie beim täglichen Cosmic Recoding einen Mann, der sie von Herzen liebt, und zwar so, wie sie ist. Sie spürte ihn täglich in ihrem Haus, und abends wenn sie schlafen ging, sagte sie ihm gute Nacht. Er war durch das Cosmic Recoding so in ihrer Gegenwart präsent, dass sie eines Tages wie selbstverständlich eine Portion für ihn mitkochte. Darüber musste sie lachen und prüfte zur Sicherheit mit dem Defragmentierungsprogramm, ob noch Reste des alten Opferprogramms in ihr vorhanden waren. Dadurch wurde ganz klar, dass sie einfach gern kochte, am liebsten italienisch.

Eines Tages, als sie gerade Spaghettisauce rührte, klingelte das Telefon. Es war Francesco, ein ehemaliger Schulfreund, der nach dem Abitur mit seinen Eltern nach Italien zurückgegangen war. Mittlerweile war er Besitzer eines großen Weingutes in der Toskana und derzeit Aussteller auf der Anuga, der größten Food- und Beverage-Messe der Welt. Sie hatten ein langes, angenehmes Telefonat. Er lud sie ein, ihn am Messestand zu besuchen. Sie hatte keine anderen Pläne und sagte zu. Er sah gut aus, war seit drei Jahren geschieden und freute sich, mit ihr über das Messegelände schlendern und an vielen Ständen schlemmen zu können. Schon sehr, sehr lange hatte sie nicht mehr so viel gelacht und Spaß gehabt. Danach telefonierten sie regelmäßig. Sie freute sich über seine täglichen Anrufe und akzeptierte schließlich die Einladung, das Wochenende mit ihm auf seinem italienischen Anwesen zu verbringen. Auch ihre Kinder merkten, dass es ihrer Mutter sehr gut ging.

Es fühlte sich an wie ein Wunder, das holografische Bild ihres Cosmic Recoding wurde gelebte Realität. Sie war glücklich, gesund und verliebt.

Die wichtigsten CRC-Schlüssel für eine liebevolle Partnerschaft

- Akzeptieren der Lebenskrise
- Befreiung von Schuldgefühlen
- Loslassen der Vergangenheit
- Befreiung von Zukunftsangst
- Bewusstheit in der Gegenwart
- Transformation von Blockaden
- Selbstliebe
- Heilung des Herzens
- Geduld
- Annehmen von Hilfe
- Eigenverantwortung
- Schwingungserhöhung
- Neuprogrammierung des Energiekörpers
- Veränderung der Anziehungskraft
- Erweiterung des Bewusstseins
- Unlimitiertes Denken
- Manifestierung der Herzenswünsche
- Das Gefühl, dass Liebe Realität ist
- Dankbarkeit
- Gemeinsamkeiten mit dem Partner
- Herzensverbindung mit dem Partner
- Erfüllte, gelebte Sexualität
- Auf derselben Wellenlänge schwingen

Man muss nicht auf ein Wunder warten. Es gibt liebevolle, erfüllende Partnerschaften, die man sich selbst kreieren kann. Lösen Sie sich aus der alten Matrix. Lieben Sie sich selbst, Ihren Partner, Ihre Kinder und Ihr Leben!

 Die Schwingungsfrequenz der Liebe ist die Quelle jeder Heilung.

Schlüssel zu finanzieller Freiheit

Ich habe kein Geld. Ich habe kein Geld. Ich habe kein Geld, sagte und dachte Sabrina den ganzen Tag. Dieser Satz war unbewusst zu ihrem Mantra geworden und sie betete es seit Jahren vor sich hin. Sie konnte sich für sie selbst nicht vorstellen, wie eine reiche Frau zu leben, und genau das war ihre Anfangsschwierigkeit beim Cosmic Recoding.

Sie identifizierte sich ganz mit ihrer Rolle als Pflegehilfe im Krankenhaus und schuftete dort im Schichtdienst. Es dauerte eine Weile, bis sie ihr Bewusstsein so erweitert hatte, dass sie visualisieren konnte, im Wohlstand zu leben. Sabrinas fünf Geschwister lebten alle am Rande des Existenzminimums. Das galt auch für ihre Mutter, die ihre Kinder allein hatte großziehen müssen. Sie durfte also kleine Schritte machen. Sie nahm zunächst Kontakt mit ihrer Seele auf. Aufgrund ihrer religiösen Prägung wusste sie zwar, dass sie eine Seele hatte, aber wie man sie erleben kann, war ihr fremd.

Zu ihrer Überraschung entdeckte sie, dass sie sehr wohl mit ihrer eigenen Seele sprechen konnte und sogar mit der Seele ihrer Zwillingsschwester, die gleich nach der Geburt zur Adoption freigegeben worden war. Ihre Mutter hatte ihr zwar nie davon erzählt, aber sie hatte ihr Leben lang gespürt, dass ihre Mutter etwas vor ihr verheimlichte. Durch Cosmic Recoding kam es ans Licht. Sabrinas größter Wunsch war, ihre Schwester eines Tages zu treffen. Sie verschob ihr ursprüngliches Thema »finanzielle Freiheit« und visualisierte ihren noch größeren Herzenswunsch, den ihr ihre Seele gezeigt hatte: ein Treffen mit ihrer Zwillingsschwester.

Oft dachte sie beim Bettenmachen im Krankenhaus an ihre Schwester. Jede neue Patientin konnte theoretisch ihre leibliche Schwester sein, und so liebevoll wurde sie von Sabrina auch behandelt. Es verging ein halbes Jahr, bis sie eines Tages wieder ihre Mutter besuchte. Diesmal hatte die Mutter eine Überraschung für sie, einen Brief. Die Adoptionsvermittlung fragte, ob sie Kontakt mit ihrer inzwischen erwachsenen Tochter haben wolle. Sabrinas Mutter saß weinend am Tisch und wusste nicht, wie sie reagieren sollte. Sie hatte sich nie verziehen, dass sie das Kind nach der Geburt weggegeben hatte.

Sabrina wusste, dass diese Nachricht ihre Kreation war, und erklärte der Mutter, sie habe beim Cosmic Recoding täglich bewusst visualisiert und gespürt, wie sie ihre Zwillingsschwester umarmte. Sabrina konnte ihre Mutter überzeugen, den Kontakt zu ermöglichen. Nach kurzem Schriftwechsel wurde das Treffen mit Viktoria kurzfristig vereinbart. Sie trafen sich in einem Park in ihrem Wohnort Berlin. Es war nicht schwer, sich zu erkennen. Viktoria sah Sabrina zum Verwechseln ähnlich, nur dass sie sehr elegante Kleidung anhatte und eine teure Handtasche trug. Ohne Worte lagen sie sich lange in den Armen und die Mutter war sprachlos vor Glück.

Es stellte sich heraus, das Viktoria nach der Geburt von einer Diplomatenfamilie adoptiert und weltweit in verschiedenen Schulen ausgebildet worden war. Sie konnte in Harvard studieren, lebte als Anwältin in den USA und war mit einem sehr reichen Politiker verheiratet. Sabrina blieb der Mund offen, als sie diese Geschichte hörte. Wie war es möglich, dass eineiige Zwillinge so ein unterschiedliches Leben führen konnten?

Armut oder Reichtum hat eben nichts mit den Genen zu tun. Es war das Umfeld, das Viktorias und Sabrinas Bewusstsein geprägt hatte (Epigenetik). Die Familienzusammenführung verlief wundervoll. Viktoria kaufte ein Haus für ihre Mutter und die Geschwister und lud Sabrina ein, mit ihr in den USA zu leben, was sie seit einigen Jahren macht. An ihre finanzielle Freiheit hat sie sich erst nach und nach gewöhnt. Erst nach einigen Jahren hörte sie auf, bei jedem Teil, das sie im Supermarkt in den Einkaufswagen legte, auf den Preis zu schauen und zu rechnen.

Die wichtigsten CRC-Schlüssel für finanzielle Freiheit

▷ Akzeptieren der Ausgangsbasis
▷ Demut
▷ Dankbarkeit
▷ Befreiung von Schuldgefühlen
▷ Loslassen der Vergangenheit
▷ Befreiung von Zukunftsangst
▷ Bewusstheit in der Gegenwart
▷ Transformation von Einschränkungen
▷ Selbstliebe
▷ Selbstwert
▷ Liebe
▷ Heilung des Herzens
▷ Geduld
▷ Im Einklang mit der eigenen Seele sein
▷ Erkennen des wahren Herzenswunsches
▷ Offenheit
▷ Bereitschaft für Wunder
▷ Lebensfreude
▷ Annehmen von Hilfe

- Eigenverantwortung
- Schwingungserhöhung
- Neuprogrammierung des Energiekörpers
- Veränderung des Mangelbewusstseins
- Erweiterung des Bewusstseins, reich zu sein
- Unlimitiertes Denken
- Manifestierung der Herzenswünsche
- Fühlen, dass Reichtum und Fülle Realität sind
- Auf der Wellenlänge der finanziellen Freiheit schwingen

Es geht in diesem Beispiel nicht darum zu behaupten, dass jeder Mensch irgendwo eine reiche Zwillingsschwester hat. Es ist vielmehr ein Beispiel für ein großes Wunder, das geschehen konnte, weil die Schwingung von Sabrina durch Cosmic Recoding in Einklang kam mit der Energie der Liebe, der Nächstenliebe, der Dankbarkeit und der Energie aller anderen Schlüssel zur finanziellen Freiheit. Wie sich Ihr Wunder aus allen möglichen Lichtcodes des Kosmos zusammensetzt, werden Sie durch tägliches Cosmic Recoding erleben. Erkennen Sie dabei, was Ihre wichtige Vision zum besten Wohl aller ist.

Die Energie des Kosmos verschwindet nie. Sie kann aber durch ein Recoding andere Informationen erhalten.

Schlüssel zu dauerhaften Erfolgen in allen Lebensbereichen

Erfolg bedeutet, ein authentisches Leben in harmonischem Einklang mit der eigenen Seele zu führen. Erfolg kann nicht in Geld, akademischen Graden, Titeln, Funktionen und anderen Errungenschaften definiert werden. Das allein wäre schon eine Einschränkung.

▷ David ist ein erfolgreicher Aussteiger. Sein größter Erfolg war, sein für ihn nicht sinnvolles Medizinstudium abzubrechen und nach Afrika in die Entwicklungshilfe zu gehen.

▷ Florian ist ein erfolgreicher Lebenskünstler, der als Straßenmaler glücklich ist.

▷ Katie ist Schneiderin. Sie lebt in einer Kommune ohne Geld, wo nur Tauschgeschäfte möglich sind.

▷ Rüdiger ist Förster. Er ist erfolgreich darin, das ökologische Gleichgewicht im Wald aufrechtzuerhalten.

▷ Andreas lebt als erfolgreicher Investmentbanker in New York und hat mit 26 Jahren seine ersten Millionen verdient.

▷ Barbara ist vierfache Mutter und ist erfolgreich in der liebevollen Erziehung ihrer Kinder.

Auch Sie sind erfolgreich mit dem, was Sie bisher gemacht haben. Die Frage ist jedoch, ob Sie dabei bewusst Ihrem Herzen und Ihrer Seele gefolgt sind oder sich gezwungenermaßen mit etwas anderem zufriedengegeben haben – oder auch unzufrieden sind.

Bettina war sehr unzufrieden mit ihrem Leben. Als Stewardess hatte sie zwar angeblich einen Traumjob und auch schon die halbe Welt bereist, doch das machte sie nicht glücklich. Sie wusste aber nicht genau, was sie anders machen konnte.

Auch Bettina nahm zunächst Kontakt mit ihrer eigenen Seele auf. Sie brauchte etwas Zeit dafür und machte die Bewusstseinsübungen/Entdeckungsreisen, bis sie schließlich ihr eigenes Licht wahrnehmen konnte. Von da an ging es mit Riesenschritten weiter. Sie liebte das Fliegen und flog entsprechend mit ihrem Bewusstsein in den Kosmos. Ihre kosmischen Reisen machten sie glücklich, denn sie fühlte sich dabei unendlich frei. Niemand konnte auf einen Klingelknopf drücken und sie auf ihrem Flug in den Kosmos stören. Meistens schlief sie jedoch schnell dabei ein, weil sie chronisch erschöpft und übermüdet war. Das Decodieren der chaotischen Energien, denen sie täglich ausgesetzt war, und besonders das Defragmentierungsprogramm halfen ihr bei der Entspannung, die nach und nach immer tiefer wurde. Nach einiger Zeit war es ihr möglich, wach, entspannt und bewusst in den Kosmos zu fliegen.

In ihrer flugfreien Zeit konnte sie nachts endlich wieder tief schlafen und ihre Zirbeldrüse zur Melatonin-Ausschüttung anregen. Sie hatte seit Jahren keine längeren Träume mehr gehabt und nahm zunächst auch keine holografischen Bilder wahr. Der DMT-Spiegel in ihrem Körper war durch den Flugstress und den ständigen Wechsel der Zeitzonen gegen null gesunken. Er baute sich nur langsam wieder auf. Ihr erster Erfolg bestand darin, dass sie einen kurzen Traum hatte, in dem sie sich selbst im Bikini ins Wasser hüpfen sah. Bettina war zwar erfreut, dass sie endlich mal wieder geträumt hatte, konnte jedoch mit der Traumbotschaft nicht viel anfangen.

Ich erklärte ihr bei unserem nächsten Termin, Wasser sei ein Symbol für Emotionen und sie habe endlich Zugang zu ihren Emotionen gefunden. Das erstaunte sie zwar, weil ihr gar nicht so bewusst gewesen war, wie oberflächlich ihr Leben wirklich verlief, aber seitdem konnte sie bei ihrem täglichen Cosmic Recoding endlich ein holografisches Bild visualisieren und den kompletten CRC-Prozess in sieben Tagen durchlaufen.

Im Anschluss daran begann sie, ihre inneren Bilder aufzumalen. Das machte ihr großen Spaß, besonders mit Aquarellfarben. Sie entwickelte einen eigenen Malstil und mischte ihre kosmischen Erfahrungen mit ihren Erlebnissen aus den Ländern, in die sie beruflich reiste.

Eines Tages traf sie Martin am Flughafen und sie kamen ins Gespräch. Er war Galerist und sie erzählte ihm spontan von ihren Bildern. Einige davon hatte sie mit dem Handy fotografiert, und der Galerist war fasziniert von dem sehr besonderen Stil, den außergewöhnlichen Motiven und den schönen Farben. Plötzlich spürte Bettina ganz genau, was sie sich von Herzen wünschte: eine Ausstellung ihrer Bilder. Sie machte daraufhin täglich Cosmic Recoding und sah sich in ihrem Hologramm inmitten der ausgestellten Bilder und umringt von Menschen, die ihre Kunstwerke bewunderten. Das Glücksgefühl, das sie dabei empfand, war überwältigend. Ihre Seele zeigte ihr den dazugehörigen persönlichen Bewusstseinscode in einer wunderschönen Farbkombination. Mehrmals täglich dachte sie an ihren persönlichen Zahlencode: 710. Sie hatte verstanden, dass es beim Cosmic Recoding darum geht, die positive Schwingung aufrechtzuerhalten, um im Einklang mit der eigenen Seele ein bewusster Schöpfer sein zu können. Sie hatte Vertrauen, denn ihr war schon so viel Wunderbares passiert. Überall kam sie ins Gespräch mit Menschen, die kreativ *und* erfolgreich waren. Sie wusste aus tiefstem Herzen, dass sich ihre Ausstellung manifestieren würde. Das geschah auch, aber erst viele Jahre später. Zuerst verliebte sie sich, heiratete und bekam zwei Kinder. Sie war glücklich und ihr Leben war erfüllt und voller Liebe.

Bei einem großen Schulfest durften Kinder und Eltern ihre Bilder gemeinsam ausstellen und jeder durfte raten, welches Kinderbild zu welchem Elternbild gehörte. Bettina und ihre Familie hatten viel Spaß dabei. Ihre Bilder waren jedoch so einzigartig, dass sie keinem Kind zugeordnet werden konnten. Sie wurden schließlich versteigert und der Erlös wurde für die Schulkinder gespendet – zum besten Wohl aller.

Die wichtigsten CRC-Schlüssel für dauerhaften Erfolg

▷ Energetische Defragmentierung
▷ Befreiung aus alten Matrix-Verstrickungen
▷ Transformation von Einschränkungen
▷ Loslassen der Vergangenheit
▷ Befreiung von Zukunftsangst
▷ Bewusstheit in der Gegenwart
▷ Selbsterkenntnis
▷ Selbstliebe
▷ Selbstwert
▷ Selbstausdruck
▷ Liebe
▷ Geduld
▷ In Einklang mit der eigenen Seele sein
▷ Erkennen des wahren Herzenswunsches

- Offenheit
- Bereitschaft für Wunder
- Lebensfreude
- Annehmen von Hilfe
- Eigenverantwortung
- Schwingungserhöhung
- Neuprogrammierung des Energiekörpers

Schlüssel zu wahrer Freiheit

Müssen Sie oft auf die Uhr schauen? Haben Sie viele Termine? Haben Sie viele berufliche und private Verpflichtungen, die Sie nicht absagen können, auch wenn Sie es gern tun würden? Haben Sie finanziellen Druck? Körperliche Probleme? Liebeskummer? Stress? Andere Sorgen? Dann sind Sie von der wahren Freiheit noch ein großes Stück entfernt. Was ist Ihre Vision?

Wenn Sie in Einklang mit der Schwingung Ihrer Seele leben, leben Sie wahre Freiheit. Dann lieben Sie sich selbst und alles, was Sie tun, weil die Energie der Liebe Ihre natürliche Schwingung ist. Alle Menschen, mit denen Sie Zeit verbringen, werden Sie lieben, weil sie zu Ihrer Seelenfamilie gehören und mit Ihnen auf einer Wellenlänge schwingen. Ist es möglich, auf Erden wie im Paradies zu leben? Ja absolut, es ist möglich! Auch Sie haben mit Cosmic Recoding die Möglichkeit, sogenannte Wunder wie beschrieben zu manifestieren.

Der weitverbreitete Neid auf andere, die ihre innere Transformationsarbeit schon geleistet haben und mit entsprechendem Bewusstsein in ihrem Paradies leben, ist genau die Fessel, die Menschen in ihrer ungeliebten, selbst geschaffenen Matrix festhält. Falls Sie davon etwas spüren, nehmen Sie bitte die von mir angebotene Hilfe an.

Auch in Sarahs Leben gab es viele Neider. Sie war in einer großen, schicken Villa in Hamburg aufgewachsen. Der Chauffeur fuhr sie täglich in die jüdische Schule, die ständig von zwei Polizeibeamten bewacht wurde. Der Bruder ihres Vaters war ein angesehener Rabbi und die ganze Familie lebte nach den Regeln der jüdischen Religion. Die Geschichte ihrer Urgroßeltern, die im Konzentrationslager ums Leben gekommen waren und andere unbeschreiblich leidvollen Erfahrungen ihrer Ahnen lasteten schwer auf ihr. Sie fühlte sich nie wirklich frei und war gefangen in der Matrix ihrer Vergangenheit. Wie ihr Bruder entwickelte sie schon in der Kindheit Asthma und litt oft unter schwerer Atemnot. Als sie erwachsen war, wurden die Asthmaanfälle seltener. Bei ihrem ersten Cosmic Recoding war es Sarah möglich, in Kontakt mit ihrer Seele zu kommen. Sie beschloss, das siebentägige Praxisprogramm anzuwenden, und zwar in Begleitung ihres CRC-Coachs. Das Decoding war sehr intensiv für sie, da sie auch die ganze Last ihrer Ahnen trug. Sie sah viele Bilder, die in ihrem Unterbewusstsein gespeichert waren – auch von ihren Familienangehörigen, die in Auschwitz vergast worden waren –, und reagierte körperlich darauf. Sie bekam einen Asthmaanfall, geriet in Atemnot und musste stark husten. Die Tränen liefen ihr über das Gesicht und ihr Körper schüttelte sich leicht. Anschließend musste sie sich ausruhen. Sarah beschloss, erst in den nächsten Tagen langsam weiterzumachen (der Sieben-Tage-Prozess muss bei extremen Reaktionen nicht an aufeinanderfolgenden Tagen durchlaufen werden).

Was Sarah beim Herunterladen ihrer Lichtcodes erlebte, war wunderschön. Sie erhielt auch Botschaften von den Seelen ihrer Ahnen, die versöhnlich waren und ihr signalisierten, dass sie in Frieden und Harmonie im Kosmos weiterexistierten. Sarah hatte noch nie so viel Licht gesehen und spürte, wie das Licht auch in ihr Herz strömte. Gefühle wie Angst, Schmerz und Leid konnten alle transformiert werden. Sie sah, wie aus den Energieraupen, die

Löcher in ihr Herz gefressen hatten, Schmetterlinge wurden, und spürte, wie sich die traurige Schwere in Leichtigkeit verwandelte. Es gelang Sarah, ihr Bewusstsein in Einklang mit den Energien des Friedens, der Harmonie und der Liebe zu bringen. Sie wandte Cosmic Recoding täglich an und erlebte jeden Tag ein neues Wunder. Ihr Asthma hatte sich gelöst, sogar bei ihrem Bruder, der sich das gar nicht erklären konnte. Sarahs Sohn spielte viel fröhlicher, allein und angstfrei in seinem Kinderzimmer. Die Blumen auf ihrer Fensterbank blühten wie nie zuvor. Alle Menschen waren plötzlich freundlich zu ihr, wo immer sie auch hinging. Ihr Mann wurde völlig unerwartet von einer renommierten Universität zum Professor berufen. Sarahs Welt hatte sich innerhalb eines Jahres komplett zum Positiven gewandelt.

Sarah erkannte, dass der erste Schritt zur wahren Freiheit nur durch die Transformation der inneren Bilder und der damit verbundenen Energien möglich gewesen war. Sie erlebte die unsterbliche, liebevolle Energie ihrer Seele und integrierte jede Woche neue Lichtcodes aus dem Kosmos. Jeden Tag nach dem Cosmic Recoding fühlte es sich für sie an, als gehe in ihr selbst die Sonne auf. Die dunklen Wolken der Vergangenheit hatten sich in ihrer Welt aufgelöst. Sie strahlte glücklich und das wirkte sich auch auf ihre Familie aus. Sarah wurde zum göttlichen Schöpfer ihrer eigenen Realität. Ihre große Vision ist Frieden im Nahen Osten und auf der ganzen Welt. Sarah nutzt Cosmic Recoding bewusst und zum besten Wohl aller.

Die wichtigsten CRC-Schlüssel für wahre Freiheit

▷ Transformation der Vergangenheit
▷ Transformation des Bewusstseins
▷ Befreiung aus alten Matrix-Verstrickungen

- Energetische Defragmentierung
- Aussöhnung mit den Ahnen
- Innerer Frieden
- Transformation von Einschränkungen
- Grenzenlosigkeit
- Befreiung von Zukunftsangst
- Bewusstheit in der Gegenwart
- Selbsterkenntnis
- Selbstliebe
- Selbstwert
- Selbstausdruck
- Liebe
- Geduld
- In Einklang mit der eigenen Seele sein
- Erkennen der eigenen Vision
- Leben des wahren Herzenswunsches
- Bereitschaft für Wunder
- Lebensfreude
- Annehmen von Hilfe
- Selbst Hilfe leisten
- Eigenverantwortung
- Weitergeben der inneren Weisheit

Cosmic Recoding unabhängig von Zeit und Raum

Meine Klienten leben auf allen Kontinenten der Erde und ich kann ihnen mit einer telefonischen Fernbehandlung helfen. Das ist deshalb ganz einfach, weil ich mit meinem Bewusstsein die Matrix von Raum und Zeit verlassen kann und mich bei unserem Termin gemeinsam mit ihnen auf eine höhere Schwingungsebene begebe. Wie eingangs erklärt hat man auf einer höheren Bewusstseinsebene Zugang zu der kosmischen Datenbank und kann die Ursachen für energetische Blockaden und ihre Symptome hellsichtig erkennen und transformieren. Zu den häufigsten Symptomen eines energetischen Ungleichgewichts und einer Informationsstörung gehören Krankheiten, finanzielle Probleme, Partnerschaftsprobleme, Ängste etc. Während der CRC-Behandlung wird der Klient in die bewusste Verbindung mit seiner eigenen Seele geführt und das Tor zum Kosmos wird geöffnet. Tiefes Atmen und bestimmte Handpositionen unterstützen diesen Bewusstseinsprozess. Danach wird der Klient durch das eigentliche Cosmic Recoding geführt und nimmt den Energiefluss in den meisten Fällen sofort wahr. Die Ergebnisse sind im Anschluss an das Cosmic Recoding sofort und nachhaltig spürbar.

Auch Sie können, wenn Sie gute persönliche Erfahrungen mit

der Anwendung von Cosmic Recoding gemacht haben, Ihrer Familie und Ihren Freunden helfen.

Erzählen Sie zunächst von Ihren eigenen positiven Erfahrungen und erklären Sie, dass Ihr Wissen aus einem Buch stammt und Sie (noch) nicht in Cosmic Recoding ausgebildet sind. Fragen Sie, ob die Person mit Ihrer Hilfe gern einmal erfahren möchte, wie sich hohe Schwingungsenergien anfühlen und auswirken können. Ich empfehle, diese Übung mit der betreffenden Person telefonisch durchzuführen. Verabreden Sie dafür einen geeigneten Zeitpunkt.

Stimmen Sie sich selbst regelmäßig mit Cosmic Recoding auf eine hohe Energiefrequenz ein. Schwingen Sie sich als Vorbereitung auf diesen Termin auf Ihre Wohlfühl-Lichtcodierung ein und bleiben Sie ganz entspannt. Ihre hohe Schwingungsfrequenz und Herzenswärme wirkt wie die Frühlingssonne auf Eis und Schnee auf Ihr direktes Umfeld und Ihren Telefonpartner. Wenn Sie möchten, laden Sie auch Ihre himmlischen Helfer zu diesem Treffen ein. Setzen Sie die Intention, dass alles, was passiert, aus Liebe geschieht und zum besten Wohl aller.

Hier die sieben Schritte für Ihre Vorbereitung in Stichworten:

1. Atmen Sie tief ein und ganz aus und beginnen Sie mit dem Visualisieren der Energiedusche.

2. Nehmen Sie mit der linken Hand eine der Handpositionen (Mudras) ein und lassen Sie möglichen Stress durch die rechte Hand in die Erde abfließen.

3. Verbinden Sie sich mit der höchsten Schwingungsebene der Liebe.

4. Öffnen Sie Ihr Herz, Ihr Bewusstsein und die linke Hand.

5. Spüren Sie Ihre Verbindung zur eigenen Seele und zum Kosmos.

6. Lassen Sie die hoch schwingenden Lichtcodes in Ihr System fließen. Spüren Sie dabei ein Kribbeln in der linken Hand.

7. Sobald Sie in Verbindung mit dem Kosmos sind, rufen Sie Ihren Telefonpartner an.

Achten Sie bei Ihrem Telefonat darauf, dass Ihre Schwingungsfrequenz hoch bleibt. Lassen Sie sich bitte nicht vom möglichen Kummer oder Drama Ihres Telefonpartners runterziehen. Falls dies doch kurzfristig geschieht, atmen Sie einfach tief ein und aus und erinnern Sie sich an Ihren eigenen Wohlfühlcode. Lenken Sie das Gespräch auf das Feld der unendlichen Möglichkeiten, wo es mit entsprechendem Bewusstsein eine Lösung und ein positives Schwingungsmuster für alle gibt. Fragen Sie die betreffende Person, ob sie für positive Veränderungen und Wunder offen ist. Falls nicht, geht es bei diesem Termin zunächst darum, die Blockaden zu lösen, bevor andere Veränderungen geschehen können. Wenn die Bereitschaft gegeben ist, laden Sie Ihren Telefonpartner auf eine Entdeckungsreise in Ihr eigenes Paradies ein. Durch Ihre tägliche Cosmic-Recoding-Praxis kennen Sie den geistigen und energetischen Weg dorthin.

Hier die sieben Schritte Ihrer gemeinsamen Entdeckungsreise:

1. Bitten Sie die Person, die Augen zu schließen und ruhig und tief zu atmen, bis Entspannung eingetreten ist und sie das Licht in ihrem Herzen und in ihrer Seele wahrnehmen kann.

2. Bitten Sie Ihren Telefonpartner zu visualisieren, dass das Licht der Seele nun aussieht wie eine Hand. Die Seele kann wie im Traumzustand auf Reisen gehen.

3. Reichen Sie Ihrem Telefonpartner die Hand und fliegen Sie mit ihm in den Kosmos, in Ihr Paradies. Beschreiben Sie, was Sie dabei sehen.

4. Sie kommen in Ihrem Paradies an, lassen die Hand des Partners los und setzen sich gemeinsam an eine lichtvolle, goldene Quelle. Vielleicht strömt sie einen wundervollen, erfrischenden Duft aus.

5. Ihr Telefonpartner tankt sich mit diesem Licht auf, lässt es in sein ganzes Körpersystem fließen, und Sie bitten seine Seele um ein Cosmic Recoding zum besten Wohl aller.

6. Nehmen Sie wahr, was geschieht. Sprechen Sie nicht und geben Sie dem Prozess ein paar Minuten, um sich zu entfalten. Das Bewusstsein wird von der Energie der Liebe durchflutet. Energieblockaden haben sich gelöst.

7. Fragen Sie Ihren Telefonpartner, ob er eine Farbe sehen kann oder eine Zahl, die ihm seine Seele zeigt. Lassen Sie der Person noch einen Moment Zeit, sich absolut wohlzufühlen und sich die Zahl und/oder Farbe als Schwingungscode zu merken. Reisen Sie dann gemeinsam zurück.

Sprechen Sie über die neue Schwingungsfrequenz und tauschen Sie sich über die soeben gemachten Erfahrungen aus. Sie können dem Menschen, der Ihnen wichtig ist und nahesteht, noch empfehlen, das Praxisprogramm von der CD zu machen. Damit kann er sein Leben selbst positiv verändern.

Immer wieder wird mir in meinen Ausbildungsseminaren die Frage gestellt, ob es erlaubt ist, eine Fernbehandlung für eine andere Person zu machen, ohne sie vorher zu fragen. Meine Antwort ist: Sie machen nichts, außer ganz bewusst Ihre Liebe anzubieten, und das ist erlaubt. Sie heilen niemanden, denn jede Heilung ist Selbstheilung. Sie können immer eine Verbindung zur Liebe Ihrer eigenen Seele herstellen und Ihr Gegenüber einladen, mit Ihnen auf der Seelenebene in Ihr Paradies zu reisen. In den wenigsten Fällen ist die Antwort nein.

Erinnern Sie sich an das Einheitsbewusstsein. Wir sind auf der Seelenebene nicht voneinander getrennt. Wenn Sie auf einer hohen Bewusstseinsebene sind und ganz viel Liebe spüren, können Sie eine geliebte Person aus der Ferne in den Arm nehmen. Diese Liebe reist schneller als Lichtgeschwindigkeit, sie kommt sofort an und wirkt Wunder.

Bitte überprüfen Sie Ihre eigene Intention. Warum wollen Sie anderen Menschen helfen? Um sich selbst besser zu fühlen? Damit etwas zu Ihnen zurückkommt? Was haben Sie davon? Warum wollen Sie das tun?

Wenn Sie so viel Liebe in sich spüren, dass Sie die ganze Welt umarmen möchten, fangen Sie einfach damit an, auf der Energieebene Menschen in den Arm zu nehmen, die sonst keiner in den Arm nimmt. Nehmen Sie Ihre himmlischen Helfer mit auf Ihre Reise. Machen Sie hoch schwingende Bewusstseinsreisen, beispielsweise in Gefängnisse.

Umarmen Sie Menschen in Krankenhäusern, in Altersheimen, in Waisenhäusern, in Hospizen, in Kriegsgebieten. Umarmen Sie Tiere in Tierheimen, Schlachthäusern, Versuchslaboren und überall, wo sie leiden. Sie können jede Seele einladen, mit Ihnen zur Quelle der Liebe zu reisen, und sie bitten, ein Cosmic Recoding durchzuführen.

Wie gesagt, prüfen Sie Ihre Intention ganz genau und achten Sie dabei auf Ihre eigene Schwingungsfrequenz. Erst dann bieten Sie anderen an, sie mit Ihrer Liebe zu unterstützen. Niemand braucht Ihr Mitleid. Ihr Mitgefühl und die Energie der Liebe sind jedoch überall willkommen.

Meine Vision ist es, sehr viele Menschen in Cosmic Recoding auszubilden, die dann ihrerseits unzählige andere liebevoll unterstützen. Ich sehe, wie die Welt dadurch immer lichtvoller und liebevoller wird, und höre die Seelen im Kosmos, wie sie einander lautlos danken.

Turbo-CRC – Schwingungserhöhung für Lebensmittel und Wasser

Sie nehmen regelmäßig Nahrung und Wasser zu sich, und es ist ratsam, dies bewusst zu tun. Die Lebensmittelindustrie hat dafür gesorgt, dass sich kaum jemand mehr Gedanken darüber macht, dass beispielsweise Fleisch oder Fisch ein Tier war, bevor es zum Grillgut wurde. Und dieses Tier war je nach Umfeld glücklich, unglücklich, vergiftet oder krank, bevor es über viele weitere Stationen schließlich auf den Teller kam. Es geht hier nicht darum zu debattieren, was Sie essen sollten, sondern bewusst zu machen, dass Sie eine einfache Version des Cosmic Recoding auch auf Ihre täglichen Mahlzeiten anwenden können. Wenn Sie selbst kochen, können Sie die Schwingungsfrequenz Ihrer Lebensmittel noch vor der Zubereitung verändern, aber das geht auch noch, wenn Sie eine fertige Mahlzeit auf dem Teller haben. Viele Menschen haben Allergien und vertragen bestimmte Nahrungsmittel nicht. Dann ist es möglich, die Informationen der Nahrung zu korrigieren, denn Menschen reagieren meistens allergisch auf Nahrungsmittel, deren ursprüngliche Information verändert wurde. Es wäre natürlich besser, die Informationen im Körpersystem des allergisch reagierenden Menschen zu verändern, als mit jedem Brötchen ein Cosmic Recoding durchzuführen, aber wir nehmen jetzt einmal an, dass Sie bereits am Tisch vor Ihrem Essen sitzen.

Nehmen Sie sich einen Moment Zeit. Atmen Sie tief ein und aus und stimmen Sie sich auf Ihre Wohlfühlschwingung ein. Spüren Sie diese Schwingung im ganzen Körper. Fragen Sie Ihre Seele: »Ist dieses Essen in Resonanz mit meiner höchsten Schwingung?« Wenn die Antwort ja ist und Sie eine positive Resonanz mit der Mahlzeit deutlich spüren, fangen Sie an zu essen. Wenn die Antwort Ihrer Seele jedoch ein klares Nein ist, bitten Sie Ihre Seele um eine Zahl zwischen 1 und 10. Es ist hilfreich, zwei Kategorien zu bilden, von 1 bis 5 und von 5 bis 10. Die Zahl 10 steht am obersten Ende der Bedenklichkeitsskala für die Gesundheit Ihres Systems – Alarmstufe Rot! Sie brauchen keine Analysen zu betreiben, warum das in dem Fall so ist. Ich empfehle, einfach auf diese Nahrungsmittel zu verzichten. Sie brauchen dies auch nicht zu begründen oder sich in Anwesenheit anderer dafür zu rechtfertigen.

Nahrungsmittel, auf die Ihre Seele mit der Zahl 1 antwortet, sind für Sie sehr gut geeignet, gesundheitsfördernd und wohltuend. Alles, was sich in der mittleren Kategorie befindet, kann durch Turbo-CRC in harmonische Schwingung mit Ihrem System gebracht werden, und zwar so:

1. Halten Sie beide Hände für einen kurzen Moment über Ihre Speisen.

2. Atmen Sie tief durch und machen Sie ein Turbo-CRC.

3. Ihr Bewusstsein hüllt Ihre Speisen in ein helles Lichtfeld ein und verbindet sich mit der Ursprungsessenz der Nahrungsmittel.

4. Ihre Seele decodiert und löscht ungünstige Informationen (Abweichungen von der Ursprungsessenz), und zwar über Ihre rechte Hand, die anschließend weggenommen wird und in Richtung Erde zeigt.

5. Das Licht Ihrer Seele bringt über die linke Hand neue Lichtcodes in Ihr Essen, bevor Sie zum Besteck greifen.

6. Sie nehmen Ihr Wasserglas in beide Hände und machen das Gleiche mit dem Wasser, zuerst über die rechte, dann über die linke Hand.

7. Nehmen Sie den natürlichen Geschmack des Essens bewusst wahr.

Je geübter Sie sind, desto schneller geht es. Lassen Sie sich am Anfang viel Zeit und praktizieren Sie in Ruhe nur für sich.

Wenn Sie zu einem offiziellen Essen eingeladen sind und sich zunächst vielleicht nicht richtig trauen, werden Sie einfach mutig und machen Sie es trotzdem. In vielen Kulturen ist es üblich, das Essen zu segnen oder ein Tischgebet zu sprechen. Das ist in der modernen westlichen Welt selten geworden. Daher kann es vorkommen, dass Sie gefragt werden, was Sie da gerade gemacht haben. Dann sagen Sie einfach, dass Sie gesundheitsbewusst sind und die neue Energiemedizin Cosmic Recoding anwenden. Sprechen Sie darüber, wie positiv sich das beispielsweise auf Ihren gestressten Magen ausgewirkt hat. Sie wissen genau, was Sie mit bewusster Energie und neuen Lichtcodes bewirken können. Lächeln Sie also einfach, und man wird Ihnen ansehen, wie gut es Ihnen tut, Cosmic Recoding zu praktizieren.

Je selbstverständlicher Sie auch im Alltag mit neuem Bewusstsein auf der Energieebene kommunizieren, desto leichter wird es Ihnen fallen, auch die Emotionen und Gedanken der Menschen wahrzunehmen, die mit Ihnen am Tisch sitzen. Hoffentlich verschlucken Sie sich dabei nicht, sondern haben viel Spaß in angenehmer Gesellschaft.

Wenn Sie ein paar Wochen lang nur Nahrung zu sich nehmen, die der Schwingungsfrequenz Ihrer Seele und Ihres höchsten Wohles entspricht, wird Ihr Immunsystem stärker werden und Ihre Selbstheilungsprozesse werden sich beschleunigen.

Wenn ich Sie auffordere, an die Essenz des Wassers zu denken, das Sie in Ihrem Glas in der Hand halten, meine ich damit die Schwingungsfrequenz, die es an seinem Ursprung hat, beispielsweise an der klaren Quelle in den Bergen, aus der es gesprudelt ist. Die neuen Lichtcodes, die Sie als Informationsdownload in Ihre Nahrung bringen, werden wie ein kosmischer Cocktail für Sie zubereitet. Es kann sein, dass es sich dabei um die Schwingungsfrequenzen bestimmter Enzyme oder Vitamine handelt. Genauso wenig wie Sie Ihrem Körper im Detail mitteilen müssen, wie er die verspeiste Nahrung verdauen soll, brauchen Sie Ihrer Seele mitzuteilen, welche Lichtcodes als Informationen in Ihr Essen strömen sollen. Auch wenn wir noch so viel über Essen wissen und vielleicht sogar ausgewiesene Ernährungsexperten sind, ist die unendliche Informationsquelle der feinstofflichen Welt, der kosmischen Datenbank, unermesslich intelligenter und weiß immer, was zu unserem besten Wohl ist.

Alchemistische Essenzen mit Cosmic Recoding herstellen

Schon oft wurde ich gefragt, warum ich keine Essenzen herstelle und diese als Sprays oder Tropfen verkaufe. Ich habe mich lange mit diesem Gedanken beschäftigt und war schon einmal kurz davor, ihn in die Tat umzusetzen. Der ethische und energetische Anspruch an meine Arbeit ist allerdings sehr hoch, und ich war glücklich, als ich beim jährlichen Einkaufen unserer Kristalle »zufällig« einer indianischen Medizinfrau begegnete, die mir anbot, mit mir zusammenzuarbeiten. Sie verfügt über traditionelles Heilpflanzenwissen und kreiert die Rezepte für den größten Lieferanten von Blütenessenzen in den USA. Bei den Huna-Priestern in Hawaii ist sie ebenso bekannt und geschätzt wie bei den Hopi-Indianern in Arizona und sie hat jahrzehntelang Pflanzenmedizin mit einer sehr hohen Schwingungsfrequenz hergestellt.

Ich war Gast in ihrem Haus in Kalifornien, nachdem sie gerade mit frischen, selbst hergestellten Blütenessenzen von den hawaiischen Inseln zurückkehrt war. Also machte sie einen kleinen Testversuch mit mir. Sie gab mir zwölf der in ihrer Küche abgefüllten Fläschchen in die Hand, und ich sollte ihr etwas über die Pflanzen sagen, die sich darin befanden. Ich kenne mich nicht besonders mit Pflanzen aus und weiß noch nicht einmal ihre botanischen Namen, aber ich setzte mich in ihr Wohnzimmer, verband mich energetisch mit der Essenz der jeweiligen Pflanze in dem Fläschchen und notierte alle Informationen, die mir die Pflanze über sich gab: Wie sie aussieht, in welcher Umgebung sie wächst und wie sie auf das menschliche System wirkt. Meine Engel und einige Elfen halfen mir dabei. Ich schrieb alles auf und erklärte meiner Gastgeberin später, was ich in Erfahrung gebracht hatte. Die Medizinfrau lachte laut, als ich sagte, dass mich eine Pflanzenessenz an Bob Marley erinnere, und zeigte mir ein Bild dieser Pflanze. Ihre Blüten waren gelb und die Zweige gedreht wie Korkenzieher beziehungsweise wie die Rastalocken von Bob Marley. Die Essenz wirkte inspirierend wie Reggaemusik und gleichzeitig beruhigend.

An diesem Vollmond-Wochenende führten wir gemeinsam eine Zeremonie durch. Am nächsten Tag channelte ich die Energien der Erzengel in die zwölf Essenzen und war begeistert von »meiner« neuen Medizin. Der Großteil der so hergestellten Pflanzenmedizin blieb bei ihr, und ich schickte nur einige Proben auf dem Postweg nach Deutschland, von wo ich sie anschließend auf meine viermonatige Seminarreise durch Europa mitnahm.

Die Seminarteilnehmer waren begeistert von den Kostproben der wirksamen Essenzen, die ich mitgebracht hatte, und ich freute mich auch. Doch bald merkte ich, dass sich die Schwingungsfrequenz der Substanzen in den Fläschchen veränderte. Es fühlte sich nach einer Weile an, als hätte ich einen ursprünglich wunderschönen Blumenstrauß auf eine viermonatige Reise mitgenommen. Können Sie sich vorstellen, wie der ausgesehen hätte?

Warum erzähle ich Ihnen diese Geschichte? Weil es wichtig ist zu verstehen, wie sich die Schwingungsfrequenz eines ursprünglich perfekten Produkts aus besten Händen durch das Umfeld verändern kann (Epigenetik!). Ich ließ meinen Plan, energiemedizinisch wirksame Essenzen herzustellen, also vorerst wieder fallen, denn ich konnte nicht gewährleisten, dass die hohe Schwingungsfrequenz der Produkte langfristig anhält. Das können andere Hersteller von Essenzen oder Sprays, wenn sie ganz ehrlich sind, übrigens auch nicht. Hier wäre ein Haltbarkeitsdatum angebracht, obwohl auch das nichts über die aktuelle Schwingungsfrequenz aussagen könnte. Das maschinelle Abfüllen in Flaschen, das Lagern in Kartons, die wiederum lange Zeit in dunklen Lagerhallen oder Kellerräumen stehen, beeinflusst die Schwingungsfrequenz aller Essenzen negativ. Auch die Studien von Masaru Emoto haben gezeigt, dass die Schwingung und damit auch die Wirkung von Wasser durch Informationen von außen entscheidend beeinflusst werden kann – zum Positiven wie zum Negativen.

In meiner täglichen Arbeit mit Klienten verbinde ich mich während der Behandlung mit einer meiner zwölf energiemedizinischen Kompositionen und lasse deren Lichtcodes nach Bedarf als Information einfließen. Das funktioniert mit Cosmic Recoding sehr gut, denn alles ist Schwingung, Bewusstsein und Information.

Die »Mutter-Essenzen« stehen bei der Medizinfrau in Kalifornien in einem heiligen Raum mit idealer Raumtemperatur und ohne energetische Störungen. Die zwölf Probefläschchen stehen wohlbehütet in meinem eigenen Heilraum in Arizona. Die energetische Verbindung zu ihrem Ursprung in Hawaii ist immer noch deutlich zu spüren. Ihre Schwingungsfrequenz ist hoch, und somit sind sie hochwirksam, wenn ich sie auf diesem Weg bei meinen Klienten einsetze. Das Praktische an dieser geistigen Arbeit ist, dass man mit leichtem Gepäck reisen kann und keine Kartons mit sich herumschleppen muss.

Wenn Sie Cosmic Recoding einsetzen möchten, um alchemistische Essenzen zum persönlichen Gebrauch herzustellen, gehen Sie so vor:

1. Stellen Sie einen guten Kontakt zu Ihrer Seele und zum gesamten Kosmos her.

2. Nehmen Sie ein Glas Wasser und halten Sie es in beiden Händen.

3. Über Ihr Bewusstsein und mit der Kraft Ihrer Seele decodieren und löschen Sie nun die Informationen in dem Wasser sowie in dem Glas, das es enthält. Spüren Sie dann, wie diese Informationen über Ihre rechte Hand in die Erde fließen.

4. Laden Sie jetzt die Lichtcodes hoch schwingender Pflanzenessenzen ein, Sie in diesem Moment zu unterstützen (etwa bei der Selbstheilung).

5. Nehmen Sie wahr, wie das energetische »Blei«, das Ihr Leben beschwert hat, in energetisches »Gold« verwandelt wird und Leichtigkeit entsteht.

6. Visualisieren und spüren Sie nun, dass die Lichtcodes bereits gewirkt haben und wie wunderbar wohl Sie sich fühlen.

7. Spüren Sie, wie die lichtvollen Codes über Ihre linke Hand in das Wasser einströmen.

Trinken Sie dieses Wasser, Ihr eigenes »Ich bin gesund«- oder »Ich bin glücklich«-Elixier über den Tag verteilt in kleinen Schlucken. Die darin gespeicherte Information wirkt auf Ihr gesamtes System inklusive der DNS Ihrer Zellen. Wenn Sie Spaß daran haben, können Sie täglich Ihre eigenen Essenzen kreieren, jeweils mit dem Lichtcode, der an diesem Tag für Ihre höchstmögliche Schwingungsfrequenz, Ihr Glück und Ihre Gesundheit optimal ist. Bleiben Sie dabei immer in dem Bewusstsein, dass Sie vollkommen gesund sind und sich als Schöpfer Ihrer Realität mit Cosmic Recoding Ihr Paradies auf Erden kreieren.

Kosmos

Blickt in die weite Unendlichkeit,
fern von Raum und Zeit.
Fühlt die Sehnsucht, wie ihr euch verzehrt.
Alles war unbeschwert,
als ihr frei und von Liebe durchdrungen,
euch habt auf diese Welt geschwungen.
Entsprungen aus der göttlichen Quelle,
den Samen tragend in einer Körperzelle.
Seid auf die Erde hinabgestiegen,
eure göttlichen Fähigkeiten kamen zum Erliegen.
Ward Gefangene in Raum und Zeit,
drohtet zu versinken in der Dunkelheit.
Die Trägheit und Schwere wabte euch ein,
ihr vergaßt euer wahres Sein.
Nur wenige bewahrten das alte Wissen,
ist das Band der Liebe nicht zerrissen.
Mutig, unermüdlich strebten sie dem Licht entgegen,
hart bekämpft auf ihren Wegen.
Über das Menschsein zurückzufinden,
erforderte vieles zu überwinden.
Sich aus dem Chaos zu erheben,
und aus dem Herzen zu leben.
Dunkle Mächte suchten das zu verhindern,
konnten euren Willen nicht mindern.
Im Gegenteil, ihr wuchst über euch hinaus,
immer mehr Samen trieben aus.
Das Netz der Liebe wurde gespannt.
Hier und jetzt haben das genügend erkannt,
sich aus ihrem Sklavendasein befreit,
wissen, es naht das Ende der Zeit.

Gottes Gnadenfelder strömen hernieder,
ermöglichen neue Liebeslieder.
Weiter und weiter steigt die Energie,
zwingt das Alte in die Knie.
Die Erde als Zentrum dieser Einmaligkeit,
macht sich für die Neuausrichtung bereit.
Alle, die sich dazu entschieden haben,
werden erinnert an ihre göttlichen Gaben.
Schwingen sich hoch und immer höher hinauf,
alles nimmt seinen vorgesehenen Lauf.
Gottes Allmacht koordiniert das Geschehen,
wie es noch nie wurde gesehen.
Lichtgeschwister, fernab von Raum und Zeit,
lassen aus keine Möglichkeit,
euch zu unterstützen in eurem Sein.
Der gesamte Kosmos schwingt sich ein.
Immer höher wird der Ton,
bis ihr empfangt euren Lohn.
Bejubelt, was ihr vollbracht,
die goldene Zeit voll und ganz erwacht.
Menschen erinnern sich ihrer Göttlichkeit,
vereint mit Allem-Was-Ist in Liebe und Glückseligkeit.

Charlotte Deppisch
www.charlotte-deppisch.com

Literatur

Behe, Michael: *Darwins Black Box. Biochemische Einwände gegen die Evolutionstheorie*, Resch, Gräfelfing 2007

Chopra, Deepak & Dyer, Wayne: *Living Beyond Miracles* (CD), Amber Allen Publishing, San Rafael, CA 2005

Dispenza, Joe: *Du bist das Placebo. Bewusstsein wird Materie*, Koha, Burgrain 2014

Leonardo (Zeitschrift), Vol. 24, No. 2, 1991

Lipton, Bruce: *Intelligente Zellen. Wie Erfahrungen unsere Gene steuern*, Koha, Burgrain 2006

Loyd, Alex und Johnson, Ben: *Der Healing Code. Die 6-Minuten-Heilmethode*, Rowohlt, Einbek 2012

McTaggert, Lynn: *Das Nullpunkt-Feld. Auf der Suche nach der kosmischen Ur-Energie*, Goldmann, München 2007

Mora, Eva-Maria: *Quantum-Engel-Heilung. Energietherapie und Kommunikation mit Engeln* (mit CD), Ansata, München 2006

Mora, Eva-Maria und Mora, Michael: *Quantum-Engel-Liebe. Inspiration und Heilung für liebevolle Partnerschaften* (mit CD), Ansata, München 2007

Mora, Eva-Maria: *Quantum-Engel-Kinder. Rat und Heilung für Lichtkinder, für ihre Eltern und Lehrer* (mit CD), Ansata, München 2008

Mora, Eva-Maria: *Aktivierung der göttlichen Kraft. Lichtvolle Hilfe für den Übergang in die neue Zeit* (mit CD), Ansata, München 2009

Pert, Candace: *Moleküle der Gefühle. Körper, Geist und Emotionen*, Rowohlt, Einbek 2001

Sitchin, Zecharia: *Der kosmische Code*, Bechtermünz, Eltville 2002

Strassman, Rick: *DMT – Das Molekül des Bewusstseins. Zur Biologie von Nahtod-Erfahrungen und mystischen Erlebnissen*, AT, Aarau (CH) 2004

Talbot, Michael: *Das holographische Universum. Die Welt in neuer Dimension*, Knaur, München 1994

Über die Autorin

Eva-Maria Mora, Deutsch-Amerikanerin, arbeitete nach ihrem Doppelstudium der Wirtschaftswissenschaften und Anglistik, das sie jeweils mit dem Diplom abschloss, zunächst zehn Jahre als Top-Management-Beraterin in ganz Europa. Das Interesse an Spiritualität und die Fähigkeit der hellsichtigen Wahrnehmung begleiteten sie von Kindheit an. Nach einer lebensbedrohenden Krankheit wurde sie zu energetischen und spirituellen Heilweisen geführt.

Sie ist Heilpraktikerin und Begründerin der Erfolgsmethode Quantum-Engel-Heilung®. Als Coach, Medium und Autorin mehrerer erfolgreicher Bücher und CDs ist sie weltweit tätig, hält Vorträge und gibt Workshops. Seit dem Jahr 2000 bildet sie gemeinsam mit ihrem Ehemann Michael in vielen Ländern erfolgreiche Quantum-Engel-Heiler aus.

Die neuesten Erkenntnisse aus ihrer täglichen Praxis für Energiemedizin führten zur Entwicklung von Cosmic Recoding®. Seit 2015 bieten Eva-Maria und Michael Mora auch Ausbildungen zum Cosmic-Recoding-Coach® an.

Kontakt: www.cosmicrecoding.com
www.quantumengel.com